Ursprünglich Genießen

Paleo-Küche für eine gesunde und natürliche Ernährung

Lara Becker

Inhalt

Geräucherte Babyrückenrippen mit Mopa-Apfel-Senf-Sauce 8
Rippen 8
Tauchen 8
Gebackene BBQ-Schweinerippchen mit frischem Ananassalat 11
würziger Schweinefleischeintopf 13
Gulasch 13
Kohl 13
Italienische Wurst Frikadelle Marinara mit Fenchelscheiben und sautierten Zwiebeln 15
Teig 15
Marinara 15
Zucchinischiffchen gefüllt mit Schweinefleisch mit Basilikum und Pinienkernen ... 18
Curry-Schweinefleisch-Ananas-Nudelschalen mit Kokosmilch und Gewürzen 20
Würzig gegrillte Schweinefleischpastetchen mit würzigem Gurkensalat 22
Zucchinikrustenpizza mit Pesto aus sonnengetrockneten Tomaten, Paprika und italienischer Wurst 24
Mit Zitrone und Koriander geräucherte Lammkeule mit gegrilltem Spargel 27
Lamm Hot Pot 30
Geschmortes Lamm mit Selleriewurzelnudeln 32
Lammkoteletts mit würziger Granatapfelsauce und Datteln 34
Chutney 34
Lammkoteletts 34
Chimichurri Lammkoteletts mit Rettichkohlsalz 36
Lammkoteletts Aufstrich Ancho und Salbei mit Karotten-Süßkartoffel-Remoulade 38
Gefüllte Lammburger aus dem Garten mit Paprika-Coulis 40
Paprika-Coulis 40
Burger 40
Lammspieße mit doppeltem Oregano und Tzatziki-Sauce 43
Lammspieße 43
Tzatziki Sauce 43
Gebratenes Hähnchen mit Safran und Zitrone 45

Spatchcocked Chicken mit Jicama-Salat 47
Huhn 47
Krautsalat 47
Hähnchenrücken mit Wodka, Karotten und Tomatensauce 50
Poulet Rôti und Rutabaga Frites 52
Coq au Vin mit drei Pilzen mit Steckrüben und Schnittlauchpüree 54
Mit Brandy-Pfirsich glasierte Trommelstöcke 57
Pfirsich-Brandy-Glasur 57
Chilemariniertes Hähnchen mit Mango-Melonen-Salat 59
Huhn 59
Ein Salat 59
Hähnchenschenkel nach Tandoori-Art mit Gurken-Raita 62
Huhn 62
Gurke Raita 62
Geschmortes Hühnchen-Curry mit Wurzelgemüse, Spargel und Minz-Grün-Apfel-Relish 64
Gegrillter Hühnchen-Paillard-Salat mit Himbeeren, Rote Beete und gerösteten Mandeln 66
Hähnchenbrust gefüllt mit Broccoli mit frischer Tomatensauce und Caesar Salad .. 69
Shawarma-Wraps mit gegrilltem Hühnchen, Kräutern und Pinienkern-Dressing ... 72
Gebackene Hähnchenbrust mit Champignons, Knoblauchpüree aus Blumenkohl und geröstetem Spargel 74
Hühnersuppe nach thailändischer Art 76
Gegrilltes Hühnchen mit Zitrone und Salbei mit Eskariol 78
Hühnchen mit Schnittlauch, Brunnenkresse und Rettich 81
Chicken Tikka Masala 83
Ras el Hanout Hühnerschenkel 86
Hähnchenschenkel in Carambola-Marinade auf geschmortem Spinat 88
Poblano-Kohl und Hähnchen-Tacos mit Chipotle-Mayonnaise 90
Hühnereintopf mit Babykarotten und Bok Choy 92
Stir Fry Chicken mit Cashewnüssen und Orangen und Paprika auf Salat-Wraps 94
Vietnamesisches Hühnchen mit Kokosnuss und Zitronengras 96
Gegrilltes Hähnchen und Apfel-Escarole-Salat 99
Toskanische Hühnersuppe mit Grünkohlnudeln 101
Hühnerlarb 103
Hühnchen-Burger mit Szechuan-Cashew-Sauce 105

Szechuan-Cashew-Sauce	105
Türkische Hühnchen-Wraps	107
Spanische Cornish-Hühner	109
Entenbrust mit Granada und Jicama Salat	112
Gebratener Truthahn mit Knoblauchwurzelpüree	114
Gefüllte Putenbrust mit Pesto-Sauce und Rucolasalat	117
Gewürzte Putenbrust mit Cherry BBQ Sauce	119
Wein gekochtes Putenfilet	121
Zerkleinerte Putenbrust mit Schnittlauchsauce und Garnelen	124
Geschmorter Truthahn mit Wurzelgemüse	126
Putengemüse mit karamellisiertem Zwiebelketchup und geröstetem Kohlketchup	128
Truthahn-Posole	130
Hühnerknochenbrühe	132
Grüner Harissa-Lachs	136
Lachs	136
Harissa	136
Gewürzte Sonnenblumenkerne	136
Ein Salat	137
Gegrillter Lachs mit mariniertem Artischockenherzsalat	140
Instant Pot Roasted Chili Sage Salmon mit grüner Tomatensalsa	142
Lachs	142
grüne Tomatensauce	142
Gebratener Lachs und Spargel in Papillote mit Zitronen-Haselnuss-Pesto	145
Gewürzter Lachs mit Champignon-Apfel-Sauce	147
Sole en Papillote mit Julienne-Gemüse	150
Rucola-Pesto-Tacos mit geräucherter Limettencreme	152
Gegrillter Kabeljau und Zucchini-Wraps mit würziger Mango-Basilikum-Sauce	155
Riesling Pochierter Kabeljau mit Pesto Gefüllte Tomaten	157
Gegrillter Kabeljau mit Pistazienkruste und Koriander auf Süßkartoffelpüree	159
Kabeljau mit Rosmarin und Mandarine mit geröstetem Brokkoli	161
Kabeljau-Salat-Wraps mit eingelegtem Rettich	163
Gebratener Schellfisch mit Zitrone und Fenchel	165
Snapper mit Walnusskruste mit Remoulade und Cajun Okra und Tomate	167
Estragon-Thunfisch-Empanadas mit Avocado und Zitronen-Alioli	170

Gestreifte Bass-Tajine 173

Meeresfrüchte-Bouillabaisse 175

Klassisches Garnelen-Ceviche 178

Garnelensalat mit Kokoskruste und Spinat 181

Ceviche mit tropischen Garnelen und Jakobsmuscheln 183

Knoblauchgarnelen mit sautiertem Spinat und Radicchio 185

Krabbensalat mit Avocado, Grapefruit und Jicama 187

Cajun geschmorter Hummerschwanz mit Estragon-Aioli 189

Gebratene Muscheln mit Safran-Aioli 191

Pastinaken Pommes 191

Safran-Aioli 191

die Muscheln 191

Gebratene Jakobsmuscheln mit Rote-Bete-Sauce 194

Gegrillte Jakobsmuscheln mit Gurken-Dill-Sauce 197

Gegrillte Jakobsmuscheln mit Tomaten, Olivenöl und Gemüsesauce 200

Jakobsmuscheln und Soße 200

Ein Salat 200

Kreuzkümmel Gerösteter Blumenkohl mit Fenchel und Perlzwiebeln 202

Chunky Tomaten-Auberginen-Sauce mit Spaghettikürbis 204

Gefüllte Portobello Pilze 206

gerösteter Radicchio 208

Gebratener Fenchel mit Orangen-Vinaigrette 209

Wirsing nach Punjabi-Art 212

Zimt gerösteter Butternut-Kürbis 214

Gegrillter Spargel mit pochierten Eiern und Walnüssen 215

Knuspriger Krautsalat mit Rettich, Mango und Minze 217

Zitronensüßer gerösteter Kohl 218

Gebratener Kohl mit Orangen- und Balsamico-Nieselregen 219

GERÄUCHERTE BABYRÜCKENRIPPEN MIT MOPA-APFEL-SENF-SAUCE

TAUCHER:Eine Stunde Ruhen: 15 Minuten Räuchern: 4 Stunden Kochen: 20 Minuten ergibt: 4 PortionenFOTO

DER REICHE GESCHMACK UND DIE TEXTUR DES FLEISCHES.GERÄUCHERTER RIPPCHEN VERLANGT NACH ETWAS FRISCHEM UND KNUSPRIGEM DAZU. FAST JEDER SALAT GEHT, ABER FENCHELSALAT (VGLREZEPTUND AUF DEM FOTOHIER), IST BESONDERS GUT.

RIPPEN
8 bis 10 Stücke Apfelholz oder Walnuss
3 bis 3½ Pfund Babyrückenrippen
¼ Tasse Räuchergewürz (vglRezept)

TAUCHEN
1 mittelgroßer Kochapfel, geschält, entkernt und in dünne Scheiben geschnitten
¼ Tasse gehackte Zwiebel
¼ Tasse Wasser
¼ Tasse Apfelessig
2 Esslöffel Senf nach Dijon-Art (vglRezept)
2 bis 3 Esslöffel Wasser

1. Mindestens eine Stunde vor dem Räuchern Holzspäne in ausreichend Wasser einweichen, um sie zu bedecken. Vor Gebrauch abtropfen lassen. Sichtbares Fett von den Rippen entfernen. Entfernen Sie bei Bedarf die dünne Membran von der Rückseite der Rippen. Legen Sie die Rippen in eine große flache Pfanne. Gleichmäßig mit Räuchergewürz bestreuen; Mit den Fingern reiben. 15 Minuten bei Zimmertemperatur stehen lassen.

2. Platzieren Sie in einem Räucherofen vorgewärmte Holzkohle, abgetropfte Holzspäne und einen Topf mit Wasser gemäß den Anweisungen des Herstellers. Gießen Sie das Wasser in die Pfanne. Legen Sie die Rippchen mit der Knochenseite nach unten auf den Grill über einem Topf mit Wasser. (Oder legen Sie die Rippchen auf ein Rippengitter; legen Sie die Rippchen auf den Grill.) Abdecken und 2 Stunden lang räuchern. Halten Sie während des gesamten Räucherns eine Temperatur von ungefähr 225°F im Räucherofen aufrecht. Fügen Sie nach Bedarf mehr Holzkohle und Wasser hinzu, um Temperatur und Luftfeuchtigkeit aufrechtzuerhalten.

3. In der Zwischenzeit für die Mop-Sauce in einem kleinen Topf die Apfelscheiben, die Zwiebel und ¼ Tasse Wasser mischen. Lassen Sie es kochen; die Hitze reduzieren. Zugedeckt 10 bis 12 Minuten köcheln lassen oder bis die Apfelscheiben sehr fest sind, dabei gelegentlich umrühren. Etwas abkühlen lassen; Äpfel und nicht abgetropfte Zwiebeln in eine Küchenmaschine oder einen Mixer geben. Abdecken und verarbeiten oder mixen, bis es glatt ist. Das Püree zurück in den Topf geben. Essig und Senf nach Dijon-Art dazugeben. Bei mittlerer Hitze 5 Minuten köcheln lassen, gelegentlich umrühren. Fügen Sie 2 bis 3 Esslöffel Wasser (oder mehr nach Bedarf) hinzu, um der Sauce die Konsistenz einer Vinaigrette zu verleihen. Teilen Sie die Sauce in Drittel.

4. Nach zwei Stunden die Rippchen großzügig mit einem Drittel der Mop-Sauce bestreichen. Abdecken und eine weitere Stunde rauchen. Nochmals mit einem weiteren Drittel der Mop-Sauce bestreichen. Wickeln Sie jedes

Stück Rippchen in schwere Folie und legen Sie die Rippchen wieder in den Räucherofen, falls nötig überlappend. Abdecken und weitere bis eineinhalb Stunden räuchern oder bis die Rippchen heiß sind. *

5. Die Rippchen herausnehmen und mit dem restlichen Drittel der Mop-Sauce bestreichen. Zum Servieren die Rippchen zwischen den Knochen aufschneiden.

* Tipp: Um die Zartheit der Rippen zu testen, entfernen Sie vorsichtig die Folie von einer der Rippenplatten. Entfernen Sie die Rippenplatte mit einem Stiftpaar, indem Sie die Platte vom oberen Viertel der Platte halten. Drehen Sie die Rippe so, dass die Fleischseite nach unten zeigt. Wenn die Rippen zart sind, sollte die Platte anfangen auseinanderzufallen, wenn sie entfernt wird. Wenn es nicht empfindlich ist, wickeln Sie es erneut in die Folie und räuchern Sie die Rippchen weiter, bis sie zart sind.

GEBACKENE BBQ-SCHWEINERIPPCHEN MIT FRISCHEM ANANASSALAT

HAUSAUFGABEN:20 Minuten kochen: 8 Minuten backen: 1 Stunde 15 Minuten Ausbeute: 4 Portionen

SPARERIBS IM LANDHAUSSTIL SIND FLEISCHIG,PREISWERT UND BEI RICHTIGER BEHANDLUNG WIE KÖCHELN UND LANGSAMES KOCHEN IN VIEL BBQ-SAUCE WEICHT ES BIS ZUM SCHMELZPUNKT AUF.

2 Pfund knochenlose Spareribs im Landhausstil
¼ Teelöffel schwarzer Pfeffer
1 Esslöffel raffiniertes Kokosöl
½ Tasse frischer Orangensaft
1½ Tassen BBQ-Sauce (vglRezept)
3 Tassen gehackter Grün- und/oder Rotkohl
1 Tasse geriebene Karotten
2 Tassen fein gehackte Ananas
⅓ Tasse helle Zitrus-Vinaigrette (vglRezept)
BBQ-Sauce (vglRezept) (Optional)

1. Ofen auf 350° F vorheizen. Schweinefleisch mit Pfeffer bestreuen. In einer extra großen Pfanne das Kokosöl bei mittlerer Hitze erhitzen. Fügen Sie die Schweinerippchen hinzu; 8 bis 10 Minuten kochen oder bis sie gebräunt sind und gleichmäßig braun werden. Legen Sie die Rippchen in eine rechteckige 3-Liter-Auflaufform.

2. Für die Sauce den Orangensaft in die Pfanne geben und umrühren, um braune Stücke abzukratzen. Fügen Sie die 1½ Tassen BBQ-Sauce hinzu. Die Sauce über die Rippen

gießen. Drehen Sie die Rippchen um, um sie mit der Sauce zu bestreichen (verwenden Sie bei Bedarf einen Backpinsel, um die Sauce über die Rippchen zu streichen). Decken Sie die Auflaufform fest mit Alufolie ab.

3. Rippchen eine Stunde backen. Die Folie entfernen und die Rippchen mit der Sauce aus einer Auflaufform bepinseln. Weitere 15 Minuten backen oder bis die Rippchen zart und goldbraun sind und die Sauce leicht eingedickt ist.

4. In der Zwischenzeit für den Ananassalat Kohl, Karotten, Ananas und helle Zitrus-Vinaigrette mischen. Bis zum Servieren abdecken und kühl stellen.

5. Servieren Sie die Rippchen mit dem Salat und, falls gewünscht, zusätzlicher BBQ-Sauce.

WÜRZIGER SCHWEINEFLEISCHEINTOPF

HAUSAUFGABEN: 20 Minuten kochen: 40 Minuten ergeben: 6 Portionen

DIESER EINTOPF NACH UNGARISCHER ART WIRD SERVIERT AUF EINEM BETT AUS KNACKIGEM, KAUM WELKEM KOHL FÜR EINE EIN-GERICHT-MAHLZEIT. DEN KÜMMEL IN EINEM MÖRSER UND STÖSSEL ZERSTOSSEN, WENN DU EIN GESCHICKTES HÄNDCHEN HAST. WENN NICHT, ZERDRÜCKE SIE UNTER DER BREITEN SEITE EINES KOCHMESSERS, INDEM DU VORSICHTIG MIT DER FAUST AUF DAS MESSER DRÜCKST.

GULASCH

- 1½ Pfund Hackfleisch
- 2 Tassen gehackte rote, orange und/oder gelbe Paprika
- ¾ Tasse fein gehackte rote Zwiebel
- 1 frische rote Zwiebel, entkernt und fein gehackt (vgl Neigung)
- 4 Teelöffel Räuchergewürz (vgl Rezept)
- 1 Teelöffel Anis, zerkleinert
- ¼ Teelöffel gemahlener Majoran oder Oregano
- 1 14-Unzen-Dose ohne Salz, gehackte Tomaten, nicht abgetropft
- 2 Esslöffel Rotweinessig
- 1 Esslöffel fein abgeriebene Zitronenschale
- ⅓ Tasse gehackte frische Petersilie

KOHL

- 2 Esslöffel Olivenöl
- 1 mittelgroße Zwiebel, gehackt
- 1 Grün- oder Lilakohl, entkernt und in dünne Scheiben geschnitten

1. Für das Gulasch in einem großen Dutch Oven Hackfleisch, Paprika und Zwiebel bei mittlerer Hitze 8 bis 10 Minuten

garen oder bis das Schweinefleisch nicht mehr rosa und das Gemüse zart und knackig ist, mit 'a umrühren Holzlöffel. . das Fleisch zu brechen. Das Fett abgießen. Reduzieren Sie die Hitze auf niedrig; fügen Sie roten Chili, geräucherte Gewürze, Kümmel und Majoran hinzu. Abdecken und 10 Minuten garen. Fügen Sie nicht abgetropfte Tomaten und Essig hinzu. Lassen Sie es kochen; die Hitze reduzieren. Zugedeckt 20 Minuten köcheln lassen.

2. In der Zwischenzeit für den Kohl in einer extragroßen Pfanne das Öl bei mittlerer Hitze erhitzen. Fügen Sie die Zwiebel hinzu und kochen Sie sie etwa 2 Minuten lang, bis sie weich ist. Kohl hinzufügen; rühren, um zu kombinieren. Reduzieren Sie die Hitze auf niedrig. Kochen Sie ungefähr 8 Minuten oder bis der Kohl weich ist und gelegentlich umrührt.

3. Zum Servieren etwas von der Kohlmischung auf einen Teller geben. Gulasch darauf verteilen und mit Zitronenschale und Petersilie bestreuen.

ITALIENISCHE WURST FRIKADELLE MARINARA MIT FENCHELSCHEIBEN UND SAUTIERTEN ZWIEBELN

HAUSAUFGABEN:30 Minuten kochen: 30 Minuten kochen: 40 Minuten Ausbeute: 4 bis 6 Portionen

DIESES REZEPT IST EIN SELTENES BEISPIELEINES KONSERVENPRODUKTS, DAS GENAUSO GUT, WENN NICHT SOGAR BESSER FUNKTIONIERT ALS DIE FRISCHE VERSION. WENN SIE NICHT SEHR, SEHR REIFE TOMATEN HABEN, ERHALTEN SIE IN EINER SAUCE MIT FRISCHEN TOMATEN KEINE SO GUTE KONSISTENZ WIE MIT TOMATEN AUS DER DOSE. STELLEN SIE SICHER, DASS SIE EIN PRODUKT OHNE SALZZUSATZ UND VORZUGSWEISE AUS BIOLOGISCHEM ANBAU VERWENDEN.

TEIG

- 2 große Eier
- ½ Tasse Mandelmehl
- 8 gehackte Knoblauchzehen
- 6 Esslöffel trockener Weißwein
- 1 Esslöffel Paprika
- 2 Teelöffel schwarzer Pfeffer
- 1 Teelöffel Fenchelsamen, leicht zerdrückt
- 1 Teelöffel getrockneter Oregano, zerstoßen
- 1 Teelöffel getrockneter Thymian, zerstoßen
- ¼ bis ½ Teelöffel Cayennepfeffer
- 1½ Pfund Hackfleisch

MARINARA

- 2 Esslöffel Olivenöl
- 2 15-Unzen-Dosen ungesalzene zerdrückte Tomaten oder 1 28-Unzen-Dose ungesalzene zerdrückte Tomaten

½ Tasse gehackter frischer Basilikum

3 mittelgroße Fenchelknollen, halbiert, entkernt und in dünne Scheiben geschnitten

1 große süße Zwiebel, halbiert und in dünne Scheiben geschnitten

1. Heizen Sie den Ofen auf 375 ° F vor. Legen Sie ein großes umrandetes Backblech mit Pergamentpapier aus; beiseite legen. Mischen Sie in einer großen Schüssel Eier, Mandelmehl, 6 gehackte Knoblauchzehen, 3 Esslöffel Wein, Paprikapulver, 1 ½ Teelöffel schwarzen Pfeffer, Fenchelsamen, Oregano, Thymian und Cayennepfeffer. Fügen Sie das Schweinefleisch hinzu; gut umrühren. Formen Sie die Schweinefleischmischung zu 1½-Zoll-Fleischbällchen (Sie sollten ungefähr 24 Fleischbällchen haben); in einer einzigen Schicht auf das vorbereitete Backblech legen. Etwa 30 Minuten backen oder bis sie leicht golden sind, während des Backens einmal wenden.

2. In der Zwischenzeit für die Marinara-Sauce 1 Esslöffel Olivenöl in einem 4- bis 6-Liter-Feuertopf erhitzen. Fügen Sie die restlichen 2 gehackten Knoblauchzehen hinzu; Kochen Sie etwa 1 Minute oder bis sie gerade anfangen zu bräunen. Fügen Sie schnell die restlichen 3 Esslöffel Wein, die zerdrückten Tomaten und das Basilikum hinzu. Lassen Sie es kochen; die Hitze reduzieren. Ohne Deckel 5 Minuten köcheln lassen. Mischen Sie die gekochten Fleischbällchen vorsichtig mit der Marinara-Sauce. Abdecken und bei schwacher Hitze 25 bis 30 Minuten garen.

3. In der Zwischenzeit in einer großen Pfanne den restlichen Esslöffel Olivenöl bei mittlerer Hitze erhitzen. Fügen Sie den gehackten Fenchel und die Zwiebel hinzu. Kochen Sie für 8 bis 10 Minuten oder bis sie zart und leicht gebräunt

sind, und rühren Sie häufig um. Mit restlichen ½ Teelöffel schwarzem Pfeffer würzen. Servieren Sie die Fleischbällchen und die Marinara-Sauce über der Fenchel-Zwiebel-Pfanne.

ZUCCHINISCHIFFCHEN GEFÜLLT MIT SCHWEINEFLEISCH MIT BASILIKUM UND PINIENKERNEN

HAUSAUFGABEN:20 Minuten kochen: 22 Minuten backen: 20 Minuten ergeben: 4 Portionen

KINDER WERDEN DIESES LUSTIGE GERICHT LIEBEN.ZUCCHINI AUSGEHÖHLT GEFÜLLT MIT HACKFLEISCH, TOMATEN UND PAPRIKA. FALLS GEWÜNSCHT, FÜGEN SIE 3 ESSLÖFFEL BASILIKUMPESTO HINZU (SIEHE<u>REZEPT</u>) STATT FRISCHEM BASILIKUM, PETERSILIE UND PINIENKERNEN.

- 2 mittelgroße Zucchini
- 1 Esslöffel natives Olivenöl extra
- 12 Unzen gemahlenes Schweinefleisch
- ¾ Tasse gehackte Zwiebel
- 2 gehackte Knoblauchzehen
- 1 Tasse gehackte Tomaten
- ⅔ Tasse fein gehackte gelbe oder orange Paprika
- 1 Teelöffel Fenchelsamen, leicht zerdrückt
- ½ Teelöffel zerkleinerte Paprikaflocken
- ¼ Tasse gehackter frischer Basilikum
- 3 EL frische Petersilie in Streifen geschnitten
- 2 Esslöffel geröstete Pinienkerne (vgl<u>Neigung</u>) und grob gehackt
- 1 Teelöffel fein abgeriebene Zitronenschale

1. Heizen Sie den Ofen auf 350 °F vor. Schneiden Sie die Zucchini der Länge nach in zwei Hälften und kratzen Sie vorsichtig die Mitte heraus, sodass eine ¼ Zoll dicke Haut übrig bleibt. Das Fruchtfleisch der Zucchini grob hacken und beiseite stellen. Die Zucchinihälften mit den

Schnittflächen nach oben auf ein mit Alufolie ausgelegtes Backblech legen.

2. Für die Füllung das Olivenöl in einer großen Pfanne bei mittlerer Hitze erhitzen. Fügen Sie gemahlenes Schweinefleisch hinzu; garen, bis es nicht mehr rosa ist, dabei mit einem Holzlöffel umrühren, um das Fleisch aufzubrechen. Das Fett abgießen. Hitze auf mittel reduzieren. Fügen Sie das reservierte Zucchinifleisch, die Zwiebel und den Knoblauch hinzu; Kochen und etwa 8 Minuten rühren oder bis die Zwiebel weich ist. Fügen Sie Tomaten, Paprika, Fenchelsamen und zerkleinerte rote Paprika hinzu. Kochen Sie für etwa 10 Minuten oder bis die Tomaten weich sind und zu zerfallen beginnen. Pfanne vom Herd nehmen. Basilikum, Petersilie, Pinienkerne und Zitronenschale hinzufügen. Die Füllung auf die Zucchinischalen verteilen und einen kleinen Haufen bilden. 20 bis 25 Minuten backen oder bis die Zucchinischalen knusprig sind.

CURRY-SCHWEINEFLEISCH-ANANAS-NUDELSCHALEN MIT KOKOSMILCH UND GEWÜRZEN

HAUSAUFGABEN:30 Minuten kochen: 15 Minuten backen: 40 Minuten ergeben: 4 PortionenFOTO

1 großer Spaghettikürbis

2 Esslöffel raffiniertes Kokosöl

1 Pfund Hackfleisch

2 Esslöffel fein gehackter Schnittlauch

2 Esslöffel frischer Limettensaft

1 Esslöffel gehackter frischer Ingwer

6 Knoblauchzehen, gehackt

1 Esslöffel gehacktes Zitronengras

1 Esslöffel ungesalzenes rotes Curry nach thailändischer Art

1 Tasse gehackter roter Pfeffer

1 Tasse gehackte Zwiebel

½ Tasse in Streifen geschnittene Karotten

1 Baby Pak Choi, gehackt (3 Tassen)

1 Tasse gehackte frische Pilze

1-2 Thai Bird Chilis, in dünne Scheiben geschnitten (vglNeigung)

1 13,5-Unzen-Dose einfache Kokosmilch (wie Nature's Way)

½ Tasse Hühnerknochenbrühe (vglRezept) oder ungesalzene Hühnerbrühe

¼ Tasse frischer Ananassaft

3 Esslöffel ungesalzene Cashewbutter ohne Zusatz von Öl

1 Tasse frisch gewürfelte Ananas

Zitronenscheiben

Frischer Koriander, Minze und/oder Thai-Basilikum

Gehackte geröstete Cashewkerne

1. Backofen auf 400 ° F vorheizen Spaghettikürbis 3 Minuten lang auf hoher Stufe in der Mikrowelle erhitzen. Schneiden Sie den Stiel vorsichtig der Länge nach ab und kratzen Sie die Kerne heraus. Reiben Sie 1 Esslöffel Kokosöl auf die Schnittflächen der Schalotten. Die Kürbishälften mit den Schnittflächen nach unten auf ein Backblech legen. 40 bis 50 Minuten backen oder bis der Kürbis leicht mit einem Messer durchstochen werden kann. Kratzen Sie das Fleisch mit den Zinken einer Gabel aus den Schalen und halten Sie es bis zum Servieren warm.

2. In der Zwischenzeit in einer mittelgroßen Schüssel Schweinefleisch, Frühlingszwiebeln, Limettensaft, Ingwer, Knoblauch, Zitronengras und Currypulver mischen; gut umrühren. In einer extragroßen Pfanne den restlichen Esslöffel Kokosöl bei mittlerer bis hoher Hitze erhitzen. Fügen Sie die Schweinefleischmischung hinzu; garen, bis es nicht mehr rosa ist, dabei mit einem Holzlöffel umrühren, um das Fleisch aufzubrechen. Fügen Sie Paprika, Zwiebel und Karotte hinzu; kochen und etwa 3 Minuten umrühren oder bis das Gemüse knusprig-zart ist. Pak Choi, Pilze, Chilischoten, Kokosmilch, Hühnerknochenbrühe, Ananassaft und Cashewbutter hinzufügen. Lassen Sie es kochen; die Hitze reduzieren. Ananas hinzufügen; Lassen Sie es ohne Deckel köcheln, bis es durchgeheizt ist.

3. Zum Servieren den Spaghettikürbis auf vier Schalen verteilen. Schweinefleischcurry über dem Kürbis servieren. Mit Zitronenschnitzen, Gewürzen und Cashewnüssen servieren.

WÜRZIG GEGRILLTE SCHWEINEFLEISCHPASTETCHEN MIT WÜRZIGEM GURKENSALAT

HAUSAUFGABEN:30 Minuten auf dem Grill: 10 Minuten Ruhen: 10 Minuten Ergiebigkeit: 4 Portionen

DER KNUSPRIGE GURKENSALATABGESCHMECKT MIT FRISCHER MINZE IST ES EINE ERFRISCHENDE UND ERFRISCHENDE ERGÄNZUNG ZU DEN WÜRZIGEN SCHWEINEFLEISCH-BURGERN.

⅓ Tasse Olivenöl

¼ Tasse gehackte frische Minze

3 Esslöffel Weißweinessig

8 gehackte Knoblauchzehen

¼ Teelöffel schwarzer Pfeffer

2 mittelgroße Gurken, sehr dünn geschnitten

1 kleine Zwiebel, in dünne Scheiben geschnitten (ca. ½ Tasse)

1¼ bis 1½ Pfund Hackfleisch

¼ Tasse gehackter frischer Koriander

1 bis 2 mittelfrische Jalapeño- oder Serrano-Chilis, entkernt (falls gewünscht) und fein gehackt (vglNeigung)

2 mittelrote Paprikaschoten, entkernt und geviertelt

2 Teelöffel Olivenöl

1. Mischen Sie in einer großen Schüssel ⅓ Tasse Olivenöl, Minze, Essig, 2 gehackte Knoblauchzehen und schwarzen Pfeffer. Gurkenscheiben und Zwiebeln dazugeben. Mischen, bis gut beschichtet. Abdecken und bis zum Servieren kalt stellen, dabei ein- oder zweimal umrühren.

2. Mischen Sie in einer großen Schüssel Schweinefleisch, Koriander, Chili und die restlichen 6 gehackten Knoblauchzehen. Zu vier ¾ Zoll dicken Patties formen.

Pfeffern Sie die Viertel der Paprika leicht mit den 2 Teelöffeln Olivenöl.

3. Für einen Holzkohle- oder Gasgrill die Patties und Paprikaviertel direkt bei mittlerer Hitze platzieren. Abdecken und braten, bis ein direkt ablesbares Thermometer, das in die Seiten des Schweinefleischs eingeführt wird, 160 °F anzeigt und die Paprikaviertel zart und leicht gebräunt sind, wobei die Patties und Paprikaviertel von Zeit zu Zeit gewendet werden. Warten Sie 10-12 Minuten für die Bratlinge und 8-10 Minuten für die Paprikaviertel.

4. Wenn die Paprikaviertel fertig sind, wickeln Sie sie in ein Stück Alufolie, um sie vollständig zu umschließen. Etwa 10 Minuten stehen lassen oder bis es kühl genug zum Anfassen ist. Mit einem scharfen Messer vorsichtig die Haut von der Paprika entfernen. Die Paprika längs in kleine Stücke schneiden.

5. Zum Servieren den Gurkensalat mischen und gleichmäßig auf vier große Servierteller verteilen. Fügen Sie jedem Gericht ein Schweinefleisch-Patty hinzu. Stapeln Sie die Paprikascheiben gleichmäßig über die Patties.

ZUCCHINIKRUSTENPIZZA MIT PESTO AUS SONNENGETROCKNETEN TOMATEN, PAPRIKA UND ITALIENISCHER WURST

HAUSAUFGABEN:30 Minuten kochen: 15 Minuten backen: 30 Minuten ergeben: 4 Portionen

DAS IST PIZZA MIT MESSER UND GABEL. ACHTEN SIE DARAUF, DIE WURST UND DIE PAPRIKA LEICHT IN DIE MIT PESTO ÜBERZOGENE KRUSTE ZU DRÜCKEN, DAMIT DIE BELÄGE SO GUT ZUSAMMENKLEBEN, DASS DIE PIZZA PERFEKT GESCHNITTEN WERDEN KANN.

- 2 Esslöffel Olivenöl
- 1 Esslöffel fein gemahlene Mandeln
- 1 großes Ei, leicht geschlagen
- ½ Tasse Mandelmehl
- 1 Esslöffel gehackter frischer Oregano
- ¼ Teelöffel schwarzer Pfeffer
- 3 Knoblauchzehen, gehackt
- 3½ Tassen geriebene Zucchini (2 mittel)
- Italienische Wurst (vgl Rezept, unter)
- 1 Esslöffel natives Olivenöl extra
- 1 süße Paprika (jeweils gelb, rot oder halb), entkernt und in sehr dünne Streifen geschnitten
- 1 kleine Zwiebel, in dünne Scheiben geschnitten
- Pesto aus sonnengetrockneten Tomaten (vgl Rezept, unter)

1. Heizen Sie den Ofen auf 425 ° F vor. Bürsten Sie eine 12-Zoll-Pizzapfanne mit 2 Esslöffeln Olivenöl. Mit gemahlenen Mandeln bestreuen; beiseite legen.

2. Für den Boden in einer großen Schüssel Ei, Mandelmehl, Oregano, schwarzen Pfeffer und Knoblauch vermischen. Legen Sie die geriebene Zucchini auf ein sauberes Handtuch oder ein Stück Mulltuch. gut einwickeln

MIT ZITRONE UND KORIANDER GERÄUCHERTE LAMMKEULE MIT GEGRILLTEM SPARGEL

TAUCHER: 30 Minuten Zubereitung: 20 Minuten Grillen: 45 Minuten Ruhen: 10 Minuten Herstellung: 6 bis 8 Portionen

SCHLICHT UND DOCH ELEGANT, DIESES GERICHT HAT ES IN SICHZWEI ZUTATEN, DIE IM FRÜHLING ZUM LEBEN ERWACHEN: LAMM UND SPARGEL. DAS RÖSTEN VON KORIANDERSAMEN VERSTÄRKT DEN WARMEN, ERDIGEN UND LEICHT HERBEN GESCHMACK.

- 1 Tasse Hickory-Holzspäne
- 2 Esslöffel Koriandersamen
- 2 Esslöffel fein abgeriebene Zitronenschale
- 1½ Teelöffel schwarzer Pfeffer
- 2 Esslöffel gehackter frischer Thymian
- 1 Lammkeule ohne Knochen, 2 bis 3 Pfund
- 2 Bund frischer Spargel
- 1 Esslöffel Olivenöl
- ¼ Teelöffel schwarzer Pfeffer
- 1 Zitrone in Viertel geschnitten

1. Mindestens 30 Minuten vor dem Garen Kokosnussschalen in einer Schüssel in ausreichend Wasser einweichen, um sie zu bedecken; beiseite legen. In der Zwischenzeit Koriandersamen in einer kleinen Pfanne bei mittlerer Hitze etwa 2 Minuten rösten oder bis sie duften und knusprig sind, dabei häufig umrühren. Entfernen Sie die Samen aus der Pfanne; abkühlen lassen. Wenn die Samen abgekühlt sind, zerstoßen Sie sie in einem Mörser und Stößel (oder legen Sie die Samen auf ein Schneidebrett

und zerdrücken Sie sie mit der Rückseite eines Holzlöffels). In einer kleinen Schüssel die zerstoßenen Koriandersamen, die Zitronenschale, 1½ Teelöffel Piment und Thymian mischen; beiseite legen.

2. Entfernen Sie das Netz vom Lammbraten, falls vorhanden. Öffnen Sie auf einer Arbeitsfläche den Grill mit der fetten Seite nach unten. Die Hälfte der Gewürzmischung über das Fleisch streuen; Mit den Fingern reiben. Den Braten aufrollen und mit vier bis sechs Stück Küchengarn aus 100 % Baumwolle zusammenbinden. Streuen Sie die restliche Gewürzmischung über die Außenseite des Bratens und drücken Sie leicht darauf, um zu haften.

3. Bei einem Holzkohlegrill die Holzkohle bei mittlerer Hitze um eine Fettpfanne legen. Versuchen Sie es mit mittlerer Hitze in der Pfanne. Die abgetropften Holzspäne über die Holzkohle streuen. Legen Sie den Lammbraten auf den Rost auf der Fettpfanne. Abdecken und 40 bis 50 Minuten bei mittlerer Hitze (145°F) räuchern. (Bei Gasgrill Grill vorheizen. Hitze auf mittlere Stufe reduzieren. Auf indirektes Garen einstellen. Räuchern wie oben, außer abgetropfte Holzspäne nach Herstellerangaben zugeben.) Braten locker mit Alufolie abdecken. Vor dem Schneiden 10 Minuten ruhen lassen.

4. In der Zwischenzeit die holzigen Spitzen des Spargels abschneiden. In einer großen Schüssel den Spargel mit dem Olivenöl und ¼ Teelöffel Pfeffer vermengen. Legen Sie den Spargel um die Außenkanten des Grills herum, direkt über die Kohlen und senkrecht zu den Grillrosten. Abdecken und 5 bis 6 Minuten grillen, bis sie knusprig

und zart sind. Die Zitronenspalten über dem Spargel auspressen.

5. Entfernen Sie die Schnur vom Lammbraten und schneiden Sie das Fleisch in dünne Stücke. Das Fleisch mit gegrilltem Spargel servieren.

LAMM HOT POT

HAUSAUFGABEN:30 Minuten kochen: 2 Stunden 40 Minuten Ausbeute: 4 Portionen

WÄRMEN SIE SICH MIT DIESEM LECKEREN EINTOPF AUFIN EINER HERBST- ODER WINTERNACHT. DER EINTOPF WIRD ÜBER EINEM SAMTIGEN PÜREE AUS SELLERIEWURZEL UND PASTINAKEN SERVIERT, DAS MIT DIJON-SENF, CASHEWCREME UND SCHNITTLAUCH AROMATISIERT IST. HINWEIS: SELLERIEWURZEL WIRD MANCHMAL SELLERIE GENANNT.

- 10 schwarzer Pfeffer
- 6 Salbeiblätter
- 3 ganze Gewürze
- 2 2-Zoll-Streifen Orangenschale
- 2 Pfund Lammschulter ohne Knochen
- 3 Esslöffel Olivenöl
- 2 mittelgroße Zwiebeln, grob gehackt
- 1 14,5-Unzen-Dose ohne Salz, gehackte Tomaten, nicht abgetropft
- 1½ Tassen Rinderknochenbrühe (vglRezept) oder Rinderbrühe ohne Salzzusatz
- ¾ Tasse trockener Weißwein
- 3 große Knoblauchzehen, zerdrückt und geschält
- 2 Pfund Selleriewurzel, geschält und in 1-Zoll-Würfel geschnitten
- 6 mittelgroße Pastinaken, geschält und in 1-Zoll-Scheiben geschnitten (etwa 2 Pfund)
- 2 Esslöffel Olivenöl
- 2 Esslöffel Cashewcreme (vglRezept)
- 1 Esslöffel Senf nach Dijon-Art (vglRezept)
- ¼ Tasse gehackter Schnittlauch

1. Schneiden Sie für das Bouquet Garni ein 7-Zoll-Quadrat aus Käsetuch. Pfeffer, Salbei, Gewürze und Orangenschale in die Mitte des Käses geben. Die Ecken des Käses anheben

und mit sauberem Küchengarn aus 100 % Baumwolle fest zusammenbinden. Beiseite legen.

2. Fett von der Lammschulter schneiden; Lamm in 1-Zoll-Stücke geschnitten. In einem Schmortopf 3 Esslöffel Olivenöl bei mittlerer Hitze erhitzen. Garen Sie das Lammfleisch, wenn nötig portionsweise, in heißem Öl, bis es gebräunt ist; Aus der Pfanne nehmen und warm halten. Zwiebeln in die Pfanne geben; 5 bis 8 Minuten kochen oder bis sie weich und leicht gebräunt sind. Bouquet Garni, nicht abgetropfte Tomaten, 1¼ Tassen Rinderknochenbrühe, Wein und Knoblauch hinzufügen. Lassen Sie es kochen; die Hitze reduzieren. Zugedeckt zwei Stunden köcheln lassen und gelegentlich umrühren. Das Bouquet garni entfernen und entsorgen.

3. In der Zwischenzeit für ein Püree die Selleriewurzel und die Pastinaken in einen großen Topf geben; mit Wasser bedecken. Bei mittlerer Hitze zum Kochen bringen; Hitze auf niedrig reduzieren. Zugedeckt 30 bis 40 Minuten köcheln lassen oder bis das Gemüse sehr fest ist, wenn man es mit einer Gabel einsticht. Abfließen; Geben Sie das Gemüse in eine Küchenmaschine. Restliche ¼ Tasse Rinderknochenbrühe und 2 Esslöffel Öl hinzufügen; Pulsieren, bis das Püree fast glatt ist, aber noch etwas Textur hat, und ein- oder zweimal anhalten, um die Seiten abzukratzen. Das Püree in eine Schüssel umfüllen. Cashewcreme, Senf und Schnittlauch dazugeben.

4. Zum Servieren das Püree auf vier Schalen verteilen; mit Lamm Hot Pot abdecken.

GESCHMORTES LAMM MIT SELLERIEWURZELNUDELN

HAUSAUFGABEN:30-Minuten-Backzeit: 1 Stunde 30 Minuten Ergiebigkeit: 6 Portionen

SELLERIEWURZEL SIEHT GANZ ANDERS AUS.WEG IN DIESEM EINTOPF ALS IM HEIßEN LAMMTOPF (VGL<u>REZEPT</u>). MIT EINEM MANDOLINENSCHNEIDER WERDEN SEHR DÜNNE STREIFEN DER WURZEL MIT EINEM SÜßEN, NUSSIGEN GESCHMACK HERGESTELLT. DIE "NUDELN" WERDEN IM EINTOPF GEKOCHT, BIS SIE WEICH SIND.

- 2 Teelöffel Zitronengrasgewürz (vgl<u>Rezept</u>)
- 1½ Pfund Lammeintopffleisch, in 1-Zoll-Würfel geschnitten
- 2 Esslöffel Olivenöl
- 2 Tassen gehackte Zwiebeln
- 1 Tasse gehackte Karotten
- 1 Tasse gewürfelte Rüben
- 1 Esslöffel gehackter Knoblauch (6 Zehen)
- 2 Esslöffel Tomatenmark ohne Salzzusatz
- ½ Tasse trockener Rotwein
- 4 Tassen Rinderknochenbrühe (vgl<u>Rezept</u>) oder Rinderbrühe ohne Salzzusatz
- 1 Lorbeerblatt
- 2 Tassen 1-Zoll-Kürbiswürfel
- 1 Tasse gehackte Auberginen
- 1 Pfund Selleriewurzel, geschält
- gehackte frische Petersilie

1. Heizen Sie den Backofen auf 250 °F vor. Streuen Sie das Zitronen-Kräuter-Gewürz gleichmäßig über das Lamm. Vorsichtig mischen, um zu beschichten. Erhitzen Sie einen 6- bis 8-Liter-Brenntopf bei mittlerer bis hoher Hitze. 1 Esslöffel Olivenöl und die Hälfte des gewürzten

Lammfleischs in den Dutch Oven geben. Fleisch in heißem Öl von allen Seiten anbraten; Das angebratene Fleisch auf einen Teller geben und mit dem restlichen Lammfleisch und Olivenöl wiederholen. Hitze auf mittel reduzieren.

2. Zwiebeln, Karotten und Rüben in den Topf geben. Kochen und rühren Sie das Gemüse 4 Minuten lang; fügen Sie das Knoblauch- und Tomatenmark hinzu und kochen Sie eine weitere Minute. Den Rotwein, die Rinderknochenbrühe, die Lorbeerblätter und das reservierte Fleisch sowie alle im Topf angesammelten Säfte hinzufügen. Bringe die Mischung zum Köcheln. Den Dutch Oven abdecken und in den vorgeheizten Ofen stellen. Eine Stunde backen. Fügen Sie den Kürbis und die Aubergine hinzu. Zurück in den Ofen und weitere 30 Minuten backen.

3. Während der Eintopf im Ofen ist, die Selleriewurzel mit einer Mandoline in sehr dünne Scheiben schneiden. Schneiden Sie die Selleriewurzel in ½ Zoll breite Streifen. (Sie sollten ungefähr 4 Tassen haben.) Rühren Sie die Selleriewurzelstreifen in den Eintopf. Etwa 10 Minuten köcheln lassen oder bis sie weich sind. Entfernen und entsorgen Sie das Lorbeerblatt, bevor Sie den Eintopf servieren. Jede Portion mit gehackter Petersilie bestreuen.

LAMMKOTELETTS MIT WÜRZIGER GRANATAPFELSAUCE UND DATTELN

HAUSAUFGABEN:10 Minuten kochen: 18 Minuten abkühlen: 10 Minuten Ausbeute: 4 Portionen

DER BEGRIFF "FRANZÖSISCH" BEZIEHT SICH AUF EINE RIPPEVON DEM FETT, FLEISCH UND BINDEGEWEBE MIT EINEM SCHARFEN KÜCHENMESSER ENTFERNT WURDEN. ES IST EINE ANSPRECHENDE PRÄSENTATION. BITTEN SIE IHREN METZGER DARUM, ODER SIE KÖNNEN ES SELBST TUN.

CHUTNEY
- ½ Tasse ungesüßter Granatapfelsaft
- 1 Esslöffel frischer Zitronensaft
- 1 Schalotte, geschält und in dünne Ringe geschnitten
- 1 Teelöffel fein abgeriebene Orangenschale
- ⅓ Tasse gehackte Medjool-Datteln
- ¼ Teelöffel zerstoßener roter Pfeffer
- ¼ Tasse Granatapfelkerne*
- 1 Esslöffel Olivenöl
- 1 Esslöffel frische italienische Petersilie (flaches Blatt), gehackt

LAMMKOTELETTS
- 2 Esslöffel Olivenöl
- 8 Lammkoteletts nach französischer Art

1. Für die scharfe Sauce Granatapfelsaft, Zitronensaft und Schalotte in einer kleinen Pfanne vermischen. Lassen Sie es kochen; die Hitze reduzieren. Ohne Deckel 2 Minuten köcheln lassen. Fügen Sie die Orangenschale, das Tamal und die zerdrückte rote Paprika hinzu. Etwa 10 Minuten stehen lassen, bis es abgekühlt ist. Die Granatapfelkerne, 1

Esslöffel Olivenöl und die Petersilie hinzufügen. Bis zum Servieren bei Raumtemperatur stehen lassen.

2. Für die Koteletts 2 Esslöffel Olivenöl in einer großen Pfanne bei mittlerer Hitze erhitzen. In Portionen arbeiten, Koteletts in die Pfanne geben und 6 bis 8 Minuten bei mittlerer Hitze (145 °F) kochen, dabei einmal wenden. Die Koteletts mit der scharfen Soße bedecken.

*Hinweis: Frische Granatäpfel und ihre Kerne oder Samen sind von Oktober bis Februar erhältlich. Wenn Sie sie nicht finden können, verwenden Sie ungesüßte getrocknete Samen, um das Chutney knuspriger zu machen.

CHIMICHURRI LAMMKOTELETTS MIT RETTICHKOHLSALZ

HAUSAUFGABEN:30 Minuten Marinieren: 20 Minuten Garen: 20 Minuten Ergibt: 4 Portionen

IN ARGENTINIEN IST CHIMICHURRI DAS BELIEBTESTE GEWÜRZ.ES BEGLEITET DAS BEKANNTE GEGRILLTE STEAK IM GAUCHO-STIL DIESES LANDES. ES GIBT VIELE VARIATIONEN, ABER DIE DICKE KRÄUTERSAUCE WIRD NORMALERWEISE MIT PETERSILIE, KORIANDER ODER OREGANO, SCHALOTTEN UND / ODER KNOBLAUCH, ZERSTOßENER ROTER PAPRIKA, OLIVENÖL UND ROTWEINESSIG ZUBEREITET. ES IST AUSGEZEICHNET AUF GEGRILLTEM STEAK, ABER EBENSO BRILLANT AUF GEGRILLTEM ODER IN DER PFANNE GEBRATENEM LAMM, HÄHNCHEN UND SCHWEINEKOTELETTS.

8 Lammkoteletts, 1 Zoll dick geschnitten

½ Tasse Chimichurri-Sauce (vgl[Rezept](Rezept))

2 Esslöffel Olivenöl

1 süße Zwiebel, halbiert und in Scheiben geschnitten

1 Teelöffel Kreuzkümmel, gemahlen*

1 gehackte Knoblauchzehe

1 Kopf Radicchio, entkernt und in dünne Streifen geschnitten

1 Esslöffel Balsamico-Essig

1. Lammkoteletts in eine extra große Schüssel geben. Mit 2 EL Chimichurri-Sauce beträufeln. Reiben Sie die Sauce mit Ihren Fingern über die gesamte Oberfläche jedes Koteletts. Die Koteletts 20 Minuten bei Zimmertemperatur marinieren lassen.

2. In der Zwischenzeit für den sautierten Radicchio-Salat in einer extragroßen Pfanne 1 Esslöffel Olivenöl erhitzen. Fügen Sie die Zwiebel, den Kreuzkümmel und den Knoblauch hinzu; 6 bis 7 Minuten kochen oder bis die Zwiebel weich wird, dabei oft umrühren. Fügen Sie den Radicchio hinzu; 1 bis 2 Minuten kochen oder bis der Radicchio leicht zusammengefallen ist. Den Salat in eine große Schüssel umfüllen. Fügen Sie den Balsamico-Essig hinzu und rühren Sie gut um, um zu kombinieren. Zudecken und warm halten.

3. Pfanne reinigen. Den restlichen 1 Esslöffel Olivenöl in die Pfanne geben und bei mittlerer Hitze erhitzen. Lammkoteletts hinzufügen; Hitze auf mittel reduzieren. 9 bis 11 Minuten oder bis zum gewünschten Gargrad garen, die Koteletts gelegentlich mit einer Zange wenden.

4. Koteletts mit dem restlichen Salat und der Chimichurri-Sauce servieren.

*Hinweis: Um Kreuzkümmelsamen zu zerkleinern, verwenden Sie einen Mörser und Stößel oder legen Sie die Samen auf ein Schneidebrett und zerkleinern Sie sie mit einem Kochmesser.

LAMMKOTELETTS AUFSTRICH ANCHO UND SALBEI MIT KAROTTEN-SÜßKARTOFFEL-REMOULADE

HAUSAUFGABEN:12 Minuten kalt: 1 bis 2 Stunden grillen: 6 Minuten ergibt: 4 Portionen

ES GIBT DREI ARTEN VON LAMMKOTELETTS.DICKE, FLEISCHIGE KOTELETTS SEHEN AUS WIE KLEINE RIBEYES. DIE RIPPEN, HIER GENANNT, ENTSTEHEN DURCH AUFSCHNEIDEN ZWISCHEN DEN KNOCHEN EINES LAMMRÜCKENS. SIE SIND SEHR ZART UND HABEN EINEN ATTRAKTIVEN LANGEN KNOCHEN AN DER SEITE. SIE WERDEN OFT GEGRILLT ODER GEGRILLT SERVIERT. GÜNSTIGE SCHULTERKOTELETTS SIND ETWAS FETTER UND WENIGER ZART ALS DIE BEIDEN ANDEREN SORTEN. AM BESTEN BRÄUNT MAN SIE UND KOCHT SIE DANN IN WEIN, BRÜHE UND TOMATEN ODER EINER KOMBINATION DAVON.

- 3 mittelgroße Karotten, grob geraspelt
- 2 kleine Süßkartoffeln, gerieben* oder grob gerieben
- ½ Tasse Paleo Mayo (vglRezept)
- 2 Esslöffel frischer Zitronensaft
- 2 Teelöffel Senf nach Dijon-Art (vglRezept)
- 2 Esslöffel gehackte frische Petersilie
- ½ Teelöffel schwarzer Pfeffer
- 8 Lammkoteletts, in Scheiben geschnitten ½ bis ¾ Zoll dick
- 2 Esslöffel gehackter frischer Salbei oder 2 Teelöffel getrockneter Salbei, zerdrückt
- 2 Teelöffel gemahlener Ancho-Chili
- ½ Teelöffel Knoblauchpulver

1. Für die Remoulade Karotten und Süßkartoffeln in einer mittelgroßen Schüssel mischen. Mischen Sie in einer kleinen Schüssel Paleo Mayo, Zitronensaft, Dijon-Senf, Petersilie und schwarzen Pfeffer. Über Karotten und

Süßkartoffeln gießen; zum Überziehen werfen. Zugedeckt 1 bis 2 Stunden kalt stellen.

2. In der Zwischenzeit in einer kleinen Schüssel Salbei, Ancho-Chili und Knoblauchpulver mischen. Reiben Sie die Gewürzmischung über die Lammkoteletts.

3. Bei einem Holzkohle- oder Gasgrill die Lammkoteletts direkt bei mittlerer Hitze auf den Grill legen. Abdecken und 6 bis 8 Minuten für medium rare (145 °F) oder 10 bis 12 Minuten für medium (150 °F) grillen, dabei einmal nach der Hälfte des Grillens wenden.

4. Die Lammkoteletts mit der Remoulade servieren.

*Hinweis: Verwenden Sie eine Mandoline mit einem Julienne-Aufsatz, um die Süßkartoffel in Scheiben zu schneiden.

GEFÜLLTE LAMMBURGER AUS DEM GARTEN MIT PAPRIKA-COULIS

HAUSAUFGABEN:20 Minuten Ruhen: 15 Minuten Grillen: 27 Minuten Ausbeute: 4 Portionen

COULIS IST NICHTS ANDERES ALS EINE EINFACHE, GLATTE SAUCE.AUS FRUCHT- ODER GEMÜSEPÜREE HERGESTELLT. DIE HELLE UND SCHÖNE ROTE PAPRIKASAUCE FÜR DIESE LAMMBURGER BEKOMMT EINE DOPPELTE DOSIS RAUCH: VOM GRILL UND VON EINEM SCHUSS GERÄUCHERTEM PAPRIKA.

PAPRIKA-COULIS
- 1 große rote Paprika
- 1 Esslöffel trockener Weißwein oder Weißweinessig
- 1 Teelöffel Olivenöl
- ½ Teelöffel geräucherter Paprika

BURGER
- ¼ Tasse schwefelfreie sonnengetrocknete Tomaten, in Streifen geschnitten
- ¼ Tasse geriebene Zucchini
- 1 Esslöffel gehackter frischer Basilikum
- 2 Teelöffel Olivenöl
- ½ Teelöffel schwarzer Pfeffer
- 1½ Pfund gemahlenes Lamm
- 1 Eiweiß, leicht geschlagen
- 1 Esslöffel Mittelmeergewürz (vgl[Rezept](#))

1. Für das Paprikacoulis die Paprika bei mittlerer Hitze direkt auf den Grill legen. Abdecken und 15 bis 20 Minuten grillen oder bis sie verkohlt und sehr verkohlt sind, dabei die Paprika alle 5 Minuten wenden, damit sie auf allen Seiten anbraten. Vom Grill nehmen und sofort in eine Papiertüte oder Alufolie legen, um die Paprika vollständig

zu umschließen. 15 Minuten stehen lassen oder bis es kühl genug zum Anfassen ist. Mit einem scharfen Messer vorsichtig die Haut entfernen und entsorgen. Paprika längs vierteln und Stiele, Kerne und Häutchen entfernen. In einer Küchenmaschine geröstete Paprika, Wein, Olivenöl und geräuchertes Paprikapulver mischen. Abdecken und verarbeiten oder mixen, bis es glatt ist.

2. In der Zwischenzeit für die Füllung die getrockneten Tomaten in eine kleine Schüssel geben und mit kochendem Wasser bedecken. Lassen Sie es für 5 Minuten sitzen; abfließen. Tomaten und geriebene Zucchini mit Küchenpapier trocken tupfen. Kombinieren Sie in einer kleinen Schüssel Tomaten, Zucchini, Basilikum, Olivenöl und ¼ Teelöffel schwarzen Pfeffer; beiseite legen.

3. In einer großen Schüssel Lammhackfleisch, Eiweiß, ¼ Teelöffel restlichen schwarzen Pfeffer und mediterrane Gewürze vermengen; gut umrühren. Teilen Sie die Fleischmischung in acht gleiche Portionen und formen Sie jede zu einem ¼ Zoll dicken Patty. Gießen Sie die Füllung über vier der Pastetchen; auf den restlichen Patties die Ränder zusammendrücken, um die Füllung zu versiegeln.

4. Legen Sie die Burger direkt bei mittlerer Hitze auf den Grill. Abdecken und 12 bis 14 Minuten grillen oder bis es fertig ist (160 °F), nach der Hälfte des Grillens einmal wenden.

5. Zum Servieren die Burger mit dem Paprika-Coulis belegen.

LAMMSPIEßE MIT DOPPELTEM OREGANO UND TZATZIKI-SAUCE

TAUCHER:30 Minuten Zubereitung: 20 Minuten Abkühlen: 30 Minuten Garen: 8 Minuten Herstellung: 4 Portionen

DIESE LAMMSPIEßE SIND IM WESENTLICHENWAS IM MITTELMEERRAUM UND IM NAHEN OSTEN ALS KOFTA BEKANNT IST: GEWÜRZTES HACKFLEISCH (NORMALERWEISE LAMM ODER RIND) WIRD ZU BÄLLCHEN ODER UM EINEN SPIEß HERUM GEFORMT UND DANN GEGRILLT. FRISCHER UND GETROCKNETER OREGANO VERLEIHT IHNEN EINEN GROßARTIGEN GRIECHISCHEN GESCHMACK.

8 10-Zoll-Holzspieße

LAMMSPIEßE

1½ Pfund mageres Lammhackfleisch

1 kleine Zwiebel, geraspelt und trocken gepresst

1 Esslöffel gehackter frischer Oregano

2 Teelöffel getrockneter Oregano, zerdrückt

1 Teelöffel schwarzer Pfeffer

TZATZIKI SAUCE

1 Tasse Paleo Mayo (vgl[Rezept](Rezept))

½ einer großen Gurke, entkernt, in Scheiben geschnitten und trocken gepresst

2 Esslöffel frischer Zitronensaft

1 gehackte Knoblauchzehe

1. Die Spieße 30 Minuten lang in ausreichend Wasser einweichen, um sie zu bedecken.

2. Für die Lammspieße in einer großen Schüssel Lammhackfleisch, Zwiebel, frischen und getrockneten Oregano und Pfeffer mischen; gut umrühren. Teilen Sie

die Lammmischung in acht gleiche Portionen. Formen Sie jede Portion um die Mitte eines Spießes und erstellen Sie einen 5 × 1 Zoll großen Stamm. Abdecken und mindestens 30 Minuten kalt stellen.

3. In der Zwischenzeit für die Tzatziki-Sauce Paleo Mayo, Gurke, Zitronensaft und Knoblauch in einer kleinen Schüssel mischen. Bis zum Servieren abdecken und kalt stellen.

4. Bei einem Holzkohle- oder Gasgrill die Lammspieße bei mittlerer Hitze direkt auf den Grill legen. Abdecken und ca. 8 Minuten bei mittlerer Hitze (160°F) grillen, dabei einmal nach der Hälfte des Grills wenden.

5. Lammspieße mit Tzatziki-Sauce servieren.

GEBRATENES HÄHNCHEN MIT SAFRAN UND ZITRONE

HAUSAUFGABEN:15 Minuten Kühlen: 8 Stunden Braten: 1 Stunde 15 Minuten Ruhen: 10 Minuten Ausbeute: 4 Portionen

SAFRAN SIND DIE GETROCKNETEN STAUBBLÄTTEREINER ART KROKUSBLÜTE. ES IST TEUER, ABER EIN WENIG GEHT EINEN LANGEN WEG. ES VERLEIHT DIESEM BRATHÄHNCHEN MIT KNUSPRIGER KRUSTE DEN UNVERWECHSELBAREN ERDIGEN GESCHMACK UND DEN SCHÖNEN GELBEN FARBTON.

- 1 ganzes Huhn, 4 bis 5 Pfund
- 3 Esslöffel Olivenöl
- 6 Knoblauchzehen, zerdrückt und geschält
- 1½ Esslöffel fein abgeriebene Zitronenschale
- 1 Esslöffel frischer Thymian
- 1½ Teelöffel gemahlener schwarzer Pfeffer
- ½ Teelöffel Safranfäden
- 2 Lorbeerblätter
- 1 Zitrone in Viertel geschnitten

1. Hals und Innereien vom Huhn entfernen; verwerfen oder für eine andere Verwendung aufbewahren. Spülen Sie die Körperhöhle des Huhns aus; mit Papiertüchern trocknen. Entfernen Sie überschüssige Haut oder Fett vom Huhn.

2. Mischen Sie in einer Küchenmaschine Olivenöl, Knoblauch, Zitronenschale, Thymian, Pfeffer und Safran. Zu einer glatten Paste verarbeiten.

3. Reiben Sie die Paste mit den Fingern auf die Außenfläche des Hähnchens und die innere Höhlung. Hähnchen in eine

große Schüssel geben; abdecken und mindestens 8 Stunden oder über Nacht kühl stellen.

4. Heizen Sie den Backofen auf 200 °C vor. Legen Sie die Zitronenviertel und die Lorbeerblätter in den Hohlraum des Hähnchens. Binden Sie die Beine mit Küchengarn aus 100 % Baumwolle zusammen. Die Flügel unter das Huhn stecken. Führen Sie ein Fleischthermometer in den Oberschenkelmuskel ein, ohne den Knochen zu berühren. Legen Sie das Huhn auf einen Rost in einer großen Auflaufform.

5. 15 Minuten grillen. Reduzieren Sie die Ofentemperatur auf 375 ° F. Braten Sie etwa 1 Stunde länger oder bis der Saft klar ist und das Thermometer 175 ° F anzeigt. Zelten Sie das Huhn mit Folie. Vor dem Schneiden 10 Minuten ruhen lassen.

SPATCHCOCKED CHICKEN MIT JICAMA-SALAT

HAUSAUFGABEN:40 Minuten Grillen: 1 Stunde 5 Minuten Ruhen: 10 Minuten Ausbeute: 4 Portionen

"SPATCHCOCK" IST EIN ALTER KOCHBEGRIFFDAS WURDE KÜRZLICH WIEDERVERWENDET, UM DEN PROZESS ZU BESCHREIBEN, EINEN KLEINEN VOGEL, WIE EIN HUHN ODER EINE CORNISH-HENNE, VON HINTEN ZU SPALTEN UND IHN DANN ZU ÖFFNEN UND WIE EIN BUCH FLACHZUDRÜCKEN, DAMIT ER SCHNELLER UND GLEICHMÄßIGER GART. ES ÄHNELT DEM FLUG VON SCHMETTERLINGEN, BEZIEHT SICH ABER NUR AUF VÖGEL.

HUHN

- 1 Poblano-Chile
- 1 Esslöffel fein gehackte Schalotte
- 3 Knoblauchzehen, gehackt
- 1 Teelöffel fein abgeriebene Zitronenschale
- 1 Teelöffel fein geriebene Limettenschale
- 1 Teelöffel Räuchergewürz (vglRezept)
- ½ Teelöffel getrockneter Oregano, zerdrückt
- ½ Teelöffel gemahlener Kreuzkümmel
- 1 Esslöffel Olivenöl
- 1 ganzes Huhn, 3 bis 3½ Pfund

KRAUTSALAT

- ½ mittelgroße Jicama, geschält und entkernt (ca. 3 Tassen)
- ½ Tasse dünn geschnittener Schnittlauch (4)
- 1 Granny-Smith-Apfel, geschält, entkernt und in Julienne geschnitten
- ⅓ Tasse gehackter frischer Koriander
- 3 EL natürlicher Orangensaft

3 Esslöffel Olivenöl

1 Teelöffel Zitronen-Kräuter-Gewürz (vgl<u>Rezept</u>)

1. Legen Sie bei einem Holzkohlegrill mittelheiße Kohlen auf eine Seite des Grills. Stellen Sie eine Auffangschale unter die leere Seite des Rosts. Legen Sie den Poblano auf den Grillrost direkt über die mittelgroßen Kohlen. Abdecken und 15 Minuten grillen oder bis der Poblano auf allen Seiten verkohlt ist, dabei gelegentlich wenden. Poblano sofort in Alufolie einwickeln; 10 Minuten ruhen lassen. Öffnen Sie die Folie und schneiden Sie den Poblano der Länge nach in zwei Hälften. Stiele und Samen entfernen (s<u>Neigung</u>). Mit einem scharfen Messer vorsichtig die Haut entfernen und entsorgen. Den Poblano fein hacken. (Bei Gasgrill Grill vorheizen; Hitze auf mittlere Stufe reduzieren. Auf indirektes Grillen einstellen. Grillen wie oben bei angezündetem Brenner.)

2. Für das Dressing Poblano, Schalotte, Knoblauch, Zitronenschale, Limettenschale, Räuchergewürz, Oregano und Kreuzkümmel in einer kleinen Schüssel mischen. Fügen Sie das Öl hinzu; gut mischen, um eine Paste zu machen.

3. Um das Huhn zu filetieren, Hals und Innereien entfernen (außer für eine andere Verwendung). Legen Sie das Hähnchen mit der Brustseite nach unten auf ein Schneidebrett. Verwenden Sie eine Küchenschere, um einen Längsschnitt auf einer Seite des Rückens zu machen, beginnend am Ende des Halses. Wiederholen Sie den Längsschnitt auf der gegenüberliegenden Seite der Wirbelsäule. Entfernen und entsorgen Sie die Wirbelsäule. Das Hähnchen mit der Hautseite nach oben legen.

Drücken Sie zwischen den Brüsten nach unten, um die Brüste aufzubrechen, sodass das Hähnchen flach liegt.

4. Beginnen Sie am Hals auf einer Seite der Brust, schieben Sie Ihre Finger zwischen Haut und Fleisch und lockern Sie die Haut, während Sie sich zum Oberschenkel vorarbeiten. Lösen Sie die Haut um den Oberschenkel. Auf der anderen Seite wiederholen. Verteile den Rub mit den Fingern auf dem Fleisch unter der Haut des Hähnchens.

5. Legen Sie das Hähnchen mit der Brustseite nach unten auf einen Rost über der Fettpfanne. Gewicht mit zwei in Folie gewickelten Steinen oder einer großen gusseisernen Pfanne. Abdecken und 30 Minuten grillen. Drehen Sie das Hähnchen mit der Knochenseite nach unten auf einen Rost und beschweren Sie es mit einem Backstein oder einer Pfanne. Zugedeckt weitere 30 Minuten grillen oder bis das Hähnchen nicht mehr rosa ist (175 °F im Oberschenkelmuskel). Nimm das Huhn vom Grill; 10 Minuten ruhen lassen. (Bei einem Gasgrill legen Sie das Hähnchen auf einen Rost, entfernt von der Hitze. Grillen Sie wie oben.)

6. In der Zwischenzeit für den Salat Jicama, Frühlingszwiebeln, Apfel und Koriander in einer großen Schüssel mischen. In einer kleinen Schüssel Orangensaft, Öl und Zitronen-Kräuter-Gewürz vermischen. Gießen Sie die Jicama-Mischung darüber und werfen Sie sie zum Überziehen. Das Huhn mit dem Salat servieren.

HÄHNCHENRÜCKEN MIT WODKA, KAROTTEN UND TOMATENSAUCE

HAUSAUFGABEN:15 Minuten kochen: 15 Minuten braten: 30 Minuten Ausbeute: 4 Portionen

WODKA KANN AUS MEHREREN HERGESTELLT WERDENVERSCHIEDENE LEBENSMITTEL, WIE KARTOFFELN, MAIS, ROGGEN, WEIZEN UND GERSTE, SOGAR WEINTRAUBEN. OBWOHL DIESE SAUCE NICHT VIEL WODKA ENTHÄLT, WENN SIE SIE IN VIER PORTIONEN AUFTEILEN, SUCHEN SIE NACH EINEM WODKA AUS KARTOFFELN ODER TRAUBEN, UM DIE PALEO-KONFORMITÄT ZU GEWÄHRLEISTEN.

3 Esslöffel Olivenöl

4 Hähnchenkeulenviertel mit Knochen oder Hähnchenteile mit Fleisch, ohne Haut

1 28-Unzen-Dose Pflaumentomaten ohne Salzzusatz, abgetropft

½ Tasse fein gehackte Zwiebel

½ Tasse fein gehackte Karotte

3 Knoblauchzehen, gehackt

1 Teelöffel Mittelmeergewürz (vgl Rezept)

⅛ Teelöffel Cayennepfeffer

1 Zweig frischer Rosmarin

2 Löffel Wodka

1 Esslöffel gehackter frischer Basilikum (optional)

1. Ofen vorheizen auf 375 ° F. In einer extra großen Pfanne 2 Esslöffel Öl bei mittlerer bis hoher Hitze erhitzen. Fügen Sie Huhn hinzu; Kochen Sie etwa 12 Minuten oder bis sie gebräunt sind, und drehen Sie sie, um sie gleichmäßig zu garen. Stellen Sie die Pfanne in den vorgeheizten Ofen. Ohne Deckel 20 Minuten grillen.

2. In der Zwischenzeit für die Sauce die Tomaten mit einer Küchenschere schneiden. In einem mittelgroßen Topf den restlichen Teelöffel Öl bei mittlerer Hitze erhitzen. Fügen Sie die Zwiebel, die Karotte und den Knoblauch hinzu; kochen 3 Minuten oder bis sie weich sind, oft umrühren. Die gewürfelten Tomaten, die mediterranen Gewürze, den Cayennepfeffer und den Rosmarinzweig hinzugeben. Bei mittlerer Hitze zum Kochen bringen; die Hitze reduzieren. Ohne Deckel 10 Minuten köcheln lassen, gelegentlich umrühren. Fügen Sie den Wodka hinzu; noch 1 Minute kochen; Entfernen und entsorgen Sie den Rosmarinzweig.

3. Sauce über dem Hähnchen in der Pfanne servieren. Stellen Sie die Pfanne wieder in den Ofen. Zugedeckt weitere 10 Minuten grillen oder bis das Hähnchen durchgegart und nicht mehr rosa ist (175°F). Nach Belieben mit Basilikum bestreuen.

POULET RÔTI UND RUTABAGA FRITES

HAUSAUFGABEN:40 Minuten Backen: 40 Minuten Ergiebigkeit: 4 Portionen

KNUSPRIGE KOHLRABI-CHIPS SIND KÖSTLICHSERVIERT MIT BRATHÄHNCHEN UND BEGLEITENDEN KOCHSÄFTEN, SIND ABER GENAUSO LECKER PUR ZUBEREITET UND MIT PALEO-TOMATENSAUCE SERVIERT (SIEHE<u>REZEPT</u>) ODER NACH BELGISCHER ART MIT PALEO-AIOLI (KNOBLAUCHMAYONNAISE, VGL<u>REZEPT</u>).

6 Esslöffel Olivenöl

1 Esslöffel Mittelmeergewürz (vgl<u>Rezept</u>)

4 Hähnchenschenkel ohne Knochen und ohne Haut (insgesamt etwa 1¼ Pfund)

4 Hähnchenschenkel ohne Haut (insgesamt etwa ein Pfund)

1 Glas trockener Weißwein

1 Tasse Hühnerknochenbrühe (vgl<u>Rezept</u>) oder ungesalzene Hühnerbrühe

1 kleine Zwiebel, geviertelt

Olivenöl

1½ bis 2 Pfund Steckrüben

2 Esslöffel gehackter frischer Schnittlauch

Schwarzer Pfeffer

1. Ofen vorheizen auf 400 ° F. In einer kleinen Schüssel 1 Esslöffel Olivenöl und mediterrane Gewürze vermischen; Hähnchenstücke damit einreiben. In einer extragroßen ofenfesten Pfanne 2 Esslöffel Öl erhitzen. Hähnchenstücke mit der Fleischseite nach unten hinzugeben. Cook, unbedeckt, etwa 5 Minuten oder bis gebräunt. Pfanne vom Herd nehmen. Drehen Sie die Hühnchenstücke um, braune Seiten nach oben. Fügen Sie den Wein, die Hühnerknochenbrühe und die Zwiebel hinzu.

2. Stellen Sie eine Pfanne auf der mittleren Schiene in den Ofen. Ohne Deckel 10 Minuten backen.

3. In der Zwischenzeit für die Pommes ein großes Backblech leicht mit Olivenöl bepinseln; beiseite legen. Kohlrabi schälen. Schneide die Steckrüben mit einem scharfen Messer in ½ cm dicke Scheiben. Schneiden Sie die Scheiben der Länge nach in ½-Zoll-Streifen. In einer großen Schüssel die Kohlrabistreifen mit den restlichen 3 Esslöffeln Öl vermischen. Die Kohlrabistreifen in einer Schicht auf einem vorbereiteten Backblech verteilen; in den Backofen auf der obersten Schiene stellen. 15 Minuten backen; Wende die Pommes. Backen Sie das Huhn für weitere 10 Minuten oder bis es nicht mehr rosa ist (175 ° F). Nimm das Huhn aus dem Ofen. Backen Sie die Pommes für 5 bis 10 Minuten oder bis sie goldbraun und zart sind.

4. Hähnchen und Zwiebel aus der Pfanne nehmen und den Saft auffangen. Decken Sie Hähnchen und Zwiebeln ab, um sie warm zu halten. Den Saft bei mittlerer Hitze zum Kochen bringen; die Hitze reduzieren. Köcheln lassen, unbedeckt, etwa 5 weitere Minuten oder bis der Saft leicht reduziert ist.

5. Zum Servieren die Chips mit Schnittlauch mischen und mit Pfeffer würzen. Hähnchen mit Bratensaft und Pommes frites servieren.

COQ AU VIN MIT DREI PILZEN MIT STECKRÜBEN UND SCHNITTLAUCHPÜREE

HAUSAUFGABEN:15 Minuten kochen: 1 Stunde 15 Minuten Ausbeute: 4 bis 6 Portionen

WENN SAND IN DER SCHÜSSEL ISTNACHDEM SIE DIE GETROCKNETEN PILZE EINGEWEICHT HABEN, UND ES WIRD WAHRSCHEINLICH WELCHE GEBEN, DRÜCKEN SIE DIE FLÜSSIGKEIT DURCH EIN KÄSETUCH VON DOPPELTER DICKE, DAS IN EIN FEINMASCHIGES SIEB GELEGT WIRD.

- 1 Unze getrocknete Steinpilze oder Morcheln
- 1 Tasse kochendes Wasser
- 2 bis 2½ Pfund Hähnchenkeulen und -schenkel, Haut entfernt
- Schwarzer Pfeffer
- 2 Esslöffel Olivenöl
- 2 mittelgroße Lauchstangen, längs halbiert, gespült und in dünne Scheiben geschnitten
- 2 Portobello-Pilze, in Scheiben geschnitten
- 8 Unzen frische Austernpilze, entstielt und in Scheiben geschnitten, oder frische Champignons in Scheiben geschnitten
- ¼ Tasse Tomatenmark ohne Salzzusatz
- 1 Teelöffel getrockneter Majoran, zerdrückt
- ½ Teelöffel getrockneter Thymian, zerstoßen
- ½ Tasse trockener Rotwein
- 6 Tassen Hühnerknochenbrühe (vgl Rezept) oder ungesalzene Hühnerbrühe
- 2 Lorbeerblätter
- 2 bis 2½ Pfund Steckrüben, geschält und gehackt
- 2 Esslöffel gehackter frischer Schnittlauch
- ½ Teelöffel schwarzer Pfeffer
- gehackter frischer Thymian (optional)

1. In einer kleinen Schüssel Steinpilze und kochendes Wasser mischen; 15 Minuten ruhen lassen. Pilze herausnehmen, Einweichflüssigkeit auffangen. Die Pilze hacken. Pilze und Einweichflüssigkeit beiseite stellen.

2. Das Huhn mit Pfeffer bestreuen. In einer extra großen Pfanne mit dicht schließendem Deckel 1 Esslöffel Olivenöl bei mittlerer bis hoher Hitze erhitzen. Hähnchenteile in zwei Portionen in heißem Öl ca. 15 Minuten garen, bis sie leicht gebräunt sind, dabei einmal wenden. Das Huhn aus der Pfanne nehmen. Lauch, Portobello-Pilze und Austernpilze dazugeben. 4 bis 5 Minuten braten oder bis die Pilze anfangen zu bräunen, dabei gelegentlich umrühren. Tomatenmark, Majoran und Thymian hinzufügen; 1 Minute kochen und umrühren. Fügen Sie den Wein hinzu; 1 Minute kochen und umrühren. Fügen Sie 3 Tassen der Hühnerknochenbrühe, Lorbeerblätter, ½ Tasse der reservierten Pilzeinweichflüssigkeit und erneut gehackte Pilze hinzu. Das Hähnchen wieder in die Pfanne geben. Lassen Sie es kochen; die Hitze reduzieren. Zugedeckt köcheln lassen,

3. In der Zwischenzeit in einem großen Topf die Steckrüben und die restlichen 3 Tassen Brühe mischen. Wenn nötig, Wasser hinzufügen, um den Kohlrabi zu bedecken. Lassen Sie es kochen; die Hitze reduzieren. Ohne Deckel 25 bis 30 Minuten köcheln lassen oder bis die Steckrüben gerade weich sind, dabei gelegentlich umrühren. Steckrüben abgießen, Flüssigkeit auffangen. Die Steckrüben zurück in den Topf geben. Fügen Sie den restlichen Teelöffel Olivenöl, den Schnittlauch und einen halben Teelöffel Pfeffer hinzu. Die Kohlrabi-Mischung mit einem

Kartoffelstampfer zerstampfen und nach Bedarf Kochflüssigkeit hinzufügen, um die gewünschte Konsistenz zu erreichen.

4. Entfernen Sie die Lorbeerblätter aus der Hühnermischung; Waffen Hähnchen und Soße über Steckrübenpüree servieren. Nach Belieben mit frischem Thymian bestreuen.

MIT BRANDY-PFIRSICH GLASIERTE TROMMELSTÖCKE

HAUSAUFGABEN:30 Minuten grillen: 40 Minuten ergeben: 4 Portionen

DIESE HÜHNERFÜßE SIND PERFEKTMIT EINEM KNACKIGEN SALAT UND DER SCHARF GEBACKENEN SÜßKARTOFFEL AUS DEM TUNESISCHEN REZEPT FÜR GEWÜRZTE SCHWEINESCHULTER (VGL<u>REZEPT</u>). HIER WERDEN SIE MIT EINEM KNUSPRIGEN KRAUTSALAT MIT RETTICH, MANGO UND MINZE GEZEIGT (VGL<u>REZEPT</u>).

PFIRSICH-BRANDY-GLASUR
1 Esslöffel Olivenöl

½ Tasse gehackte Zwiebel

2 mittelfrische Pfirsiche, halbiert, entkernt und gehackt

2 Esslöffel Weinbrand

1 Tasse BBQ-Sauce (vgl<u>Rezept</u>)

8 Hähnchenschenkel (insgesamt 2 bis 2½ Pfund), Haut entfernt, falls gewünscht

1. Für die Glasur das Olivenöl in einem mittelgroßen Topf bei mittlerer Hitze erhitzen. Fügen Sie die Zwiebel hinzu; Kochen Sie etwa 5 Minuten oder bis sie weich sind, gelegentlich umrühren. Fügen Sie die Pfirsiche hinzu. Abdecken und 4 bis 6 Minuten garen oder bis die Pfirsiche weich sind, dabei gelegentlich umrühren. Branntwein hinzufügen; kochen, unbedeckt, für 2 Minuten, gelegentlich umrühren. Etwas abkühlen lassen. Übertragen Sie die Pfirsichmischung in einen Mixer oder eine Küchenmaschine. Abdecken und mixen oder verarbeiten, bis es glatt ist. Die BBQ-Sauce hinzugeben. Abdecken und mixen oder verarbeiten, bis es glatt ist. Die

Soße zurück in den Topf geben. Bei mittlerer Hitze kochen, bis sie durchgeheizt sind. Übertragen Sie ¾ Tasse Sauce in eine kleine Schüssel für das Huhn. Die restliche Soße zum Servieren mit dem Grillhähnchen warm halten.

2. Bei einem Holzkohlegrill die Holzkohle bei mittlerer Hitze um eine Fettpfanne legen. Probieren Sie eine mittlere Hitze auf der Abtropfschale aus. Legen Sie die Hähnchenschenkel auf den Grillrost über der Auffangschale. Abdecken und 40 bis 50 Minuten grillen oder bis das Huhn nicht mehr rosa ist (175 °F), nach der Hälfte des Bratens einmal wenden und die letzten 5-10 Minuten des Bratens mit ¾ Tasse Brandy-Pfirsich-Glasur bestreichen. (Bei einem Gasgrill den Grill vorheizen. Hitze auf mittlere Hitze reduzieren. Hitze für indirektes Garen einstellen. Hähnchenschenkel auf den Rost legen, nicht überhitzen. Abdecken und wie angegeben grillen.)

CHILEMARINIERTES HÄHNCHEN MIT MANGO-MELONEN-SALAT

HAUSAUFGABEN:40 Minuten Kühlen/Marinieren: 2-4 Stunden Grillen: 50 Minuten
Produktion: 6-8 Portionen

ANCHO CHILI IST EIN TROCKENER POBLANO—GLÄNZENDER, DUNKELGRÜNER CHILI MIT INTENSIV FRISCHEM GESCHMACK. ANCHO CHILIS HABEN EINEN LEICHT FRUCHTIGEN GESCHMACK MIT EINEM HAUCH PFLAUME ODER ROSINE UND NUR EINEM HAUCH BITTERKEIT. CHILIS AUS NEW MEXICO KÖNNEN MÄßIG SCHARF SEIN. ES SIND DIE TIEFROTEN CHILIS, DIE IN TEILEN DES SÜDWESTENS GRUPPIERT UND IN RISTRAS, BUNTEN ARRANGEMENTS AUS GETROCKNETEN CHILIS, HÄNGEN.

HUHN

- 2 getrocknete Chilis aus New Mexico
- 2 trockene Ancho Chilis
- 1 Tasse kochendes Wasser
- 3 Esslöffel Olivenöl
- 1 große süße Zwiebel, geschält und in dicke Scheiben geschnitten
- 4 Roma-Tomaten, entkernt
- 1 Esslöffel gehackter Knoblauch (6 Zehen)
- 2 Teelöffel gemahlener Kreuzkümmel
- 1 Teelöffel getrockneter Oregano, zerstoßen
- 16 Hähnchenschenkel

EIN SALAT

- 2 Tassen gewürfelte Melone
- 2 Tassen Honigtauwürfel
- 2 Tassen gewürfelte Mango
- ¼ Tasse frischer Limettensaft
- 1 Teelöffel Chilipulver

½ Teelöffel gemahlener Kreuzkümmel

¼ Tasse gehackter frischer Koriander

1. Für das Huhn die Stängel und Samen von den getrockneten Ancho- und New-Mexico-Chilis entfernen. Eine große Pfanne bei mittlerer Hitze erhitzen. Braten Sie die Chilis in der Pfanne für 1 bis 2 Minuten oder bis sie duften und leicht geröstet sind. Geröstete Chilis in eine kleine Schüssel geben; kochendes Wasser in die Schüssel geben. Lassen Sie es mindestens 10 Minuten oder bis zur Verwendung ruhen.

2. Grill vorheizen. Backblech mit Alufolie auslegen; 1 EL Olivenöl auf die Folie streichen. Zwiebel- und Tomatenscheiben in der Pfanne anrichten. Grillen Sie etwa 4 Zoll von der Hitze für 6 bis 8 Minuten oder bis sie weich und verkohlt sind. Chilis abgießen, Wasser auffangen.

3. Für die Marinade Chilis, Zwiebeln, Tomaten, Knoblauch, Kreuzkümmel und Oregano in einem Mixer oder einer Küchenmaschine mischen. Abdecken und pürieren oder verarbeiten, bis es glatt ist, wobei nach Bedarf reserviertes Wasser hinzugefügt wird, um zu pürieren und die gewünschte Konsistenz zu erreichen.

4. Legen Sie das Hähnchen in einen großen wiederverschließbaren Plastikbeutel auf einen flachen Teller. Gießen Sie die Marinade über das Huhn im Beutel und schwenken Sie den Beutel, um ihn gleichmäßig zu beschichten. Im Kühlschrank 2 bis 4 Stunden marinieren lassen, dabei den Beutel gelegentlich wenden.

5. Für den Salat in einer extra großen Schüssel Melone, Honigmelone, Mango, Limettensaft, die restlichen 2 Esslöffel Olivenöl, Chilipulver, Kreuzkümmel und Koriander vermischen. In Deckung werfen. Zugedeckt 1 bis 4 Stunden kalt stellen.

6. Bei einem Holzkohlegrill die Holzkohle bei mittlerer Hitze um eine Fettpfanne legen. Versuchen Sie es mit mittlerer Hitze in der Pfanne. Das Hähnchen abtropfen lassen, die Marinade aufbewahren. Legen Sie das Hähnchen auf den Rost auf der Abtropfschale. Das Hähnchen großzügig mit etwas der reservierten Marinade begießen (überschüssige Marinade wegwerfen). Decken Sie es ab und grillen Sie es 50 Minuten lang oder bis das Huhn nicht mehr rosa ist (175 °F). Wenden Sie es nach der Hälfte des Grillvorgangs einmal. (Bei Gasgrill Grill vorheizen. Hitze auf mittlere Stufe reduzieren. Auf indirektes Garen einstellen. Wie beschrieben vorgehen, Hähnchen auf eine unbeleuchtete Herdplatte legen.) Hähnchenschenkel mit Salat servieren.

HÄHNCHENSCHENKEL NACH TANDOORI-ART MIT GURKEN-RAITA

HAUSAUFGABEN:20 Minuten Marinade: 2 bis 24 Stunden Braten: 25 Minuten Ergiebigkeit: 4 Portionen

DAS RAITA WIRD MIT CASHEWNÜSSEN ZUBEREITET.SAHNE, ZITRONENSAFT, MINZE, KORIANDER UND GURKE. ES BIETET EINEN ERFRISCHENDEN KONTRAPUNKT ZUM SCHARFEN UND WÜRZIGEN HÄHNCHEN.

HUHN

- 1 Zwiebel, in dünne Spalten geschnitten
- 1 2-Zoll-Stück frischer Ingwer, geschält und entkernt
- 4 Knoblauchzehen
- 3 Esslöffel Olivenöl
- 2 Esslöffel frischer Zitronensaft
- 1 Teelöffel gemahlener Kreuzkümmel
- 1 Teelöffel gemahlene Kurkuma
- ½ Teelöffel gemahlener Piment
- ½ Teelöffel gemahlenes Braun
- ½ Teelöffel schwarzer Pfeffer
- ¼ Teelöffel Cayennepfeffer
- 8 Hähnchenschenkel

GURKE RAITA

- 1 Tasse Cashewcreme (vgl Rezept)
- 1 Esslöffel frischer Zitronensaft
- 1 Esslöffel gehackte frische Minze
- 1 Esslöffel frischer Koriander in Streifen geschnitten
- ½ Teelöffel gemahlener Kreuzkümmel
- ⅛ Teelöffel schwarzer Pfeffer
- 1 mittelgroße Gurke, geschält, entkernt und gewürfelt (Cup)
- Zitronenscheiben

1. Mischen Sie in einem Mixer oder einer Küchenmaschine Zwiebel, Ingwer, Knoblauch, Olivenöl, Zitronensaft, Kreuzkümmel, Kurkuma, Piment, Zimt, schwarzen Pfeffer und Cayennepfeffer. Abdecken und mixen oder verarbeiten, bis es glatt ist.

2. Mit der Spitze eines Schälmessers jede Keule vier- bis fünfmal einstechen. Legen Sie die Unterkeulen in einen großen wiederverschließbaren Plastikbeutel, der in eine große Schüssel gelegt wird. Fügen Sie die Zwiebelmischung hinzu; drehen, um zu schlagen. 2 bis 24 Stunden im Kühlschrank marinieren lassen, dabei den Beutel gelegentlich wenden.

3. Grill vorheizen. Hähnchen aus der Marinade nehmen. Wischen Sie mit Papierservietten überschüssige Marinade von den Keulen ab. Legen Sie die Keulen auf einen unbeheizten Bratenrost oder ein mit Alufolie ausgelegtes Backblech. Grill 6 bis 8 Zoll von der Wärmequelle für 15 Minuten. Vertausche die Trommelstöcke. ca. 10 Minuten grillen oder bis das Huhn nicht mehr rosa ist (175 ° F).

4. Für das Raita in einer mittelgroßen Schüssel Cashewcreme, Zitronensaft, Minze, Koriander, Kreuzkümmel und schwarzen Pfeffer mischen. Die Gurke langsam hinzufügen.

5. Hähnchen mit Raita und Zitronenschnitzen servieren.

GESCHMORTES HÜHNCHEN-CURRY MIT WURZELGEMÜSE, SPARGEL UND MINZ-GRÜN-APFEL-RELISH

HAUSAUFGABEN:30 Minuten Kochen: 35 Minuten Ruhen: 5 Minuten ergibt: 4 Portionen

- 2 Esslöffel raffiniertes Kokosöl oder Olivenöl
- 2 Pfund Hähnchenbrust mit Knochen, auf Wunsch ohne Haut
- 1 Tasse gehackte Zwiebel
- 2 Esslöffel geriebener frischer Ingwer
- 2 Esslöffel gehackter Knoblauch
- 2 Esslöffel ungesalzenes Currypulver
- 2 Esslöffel Jalapeño gehackt und entkernt (vglNeigung)
- 4 Tassen Hühnerknochenbrühe (vglRezept) oder ungesalzene Hühnerbrühe
- 2 mittelgroße Süßkartoffeln (ca. 1 Pfund), geschält und gewürfelt
- 2 mittelgroße Rüben (ca. 6 Unzen), geschält und gehackt
- 1 Tasse Tomaten, entkernt und gewürfelt
- 8 Unzen Spargel, getrimmt und in 1-Zoll-Stücke geschnitten
- 1 13,5-Unzen-Dose einfache Kokosmilch (wie Nature's Way)
- ½ Tasse frischer Koriander in Streifen geschnitten
- Apfel-Minz-Dressing (vglRezept, unter)
- Zitronenscheiben

1. In einem 6-Liter-Feuertopf das Öl bei mittlerer bis hoher Hitze erhitzen. Braten Sie das Huhn portionsweise in heißem Öl an, bis es gleichmäßig gebräunt ist, etwa 10 Minuten. Übertragen Sie Huhn auf einen Teller; beiseite legen.

2. Drehen Sie die Hitze auf mittlere Stufe. Zwiebel, Ingwer, Knoblauch, Currypulver und Jalapeno in den Topf geben. Koche und rühre für 5 Minuten oder bis die Zwiebel weich wird. Fügen Sie Hühnerknochenbrühe, Süßkartoffeln, Rüben und Tomaten hinzu. Geben Sie die Hühnchenstücke

zurück in den Topf und achten Sie darauf, das Hähnchen in so viel Flüssigkeit wie möglich zu tauchen. Hitze auf mittel-niedrig reduzieren. Zugedeckt 30 Minuten köcheln lassen oder bis das Huhn nicht mehr rosa und das Gemüse weich ist. Spargel, Kokosmilch und Koriander dazugeben. Entfernen Sie es von der Hitze. Lassen Sie es für 5 Minuten sitzen. Schneiden Sie das Hühnchen bei Bedarf vom Knochen ab, um es gleichmäßig auf die Servierschüsseln zu verteilen. Mit Apfel-Minz-Sauce und Limettenschnitzen servieren.

Minz-Apfel-Dressing: In einer Küchenmaschine ½ Tasse ungesüßte Kokosflocken zu Pulver zermahlen. Fügen Sie eine Tasse frische Korianderblätter hinzu und dämpfen Sie; 1 Tasse frische Minzblätter; 1 Granny-Smith-Apfel, entkernt und in Scheiben geschnitten; 2 Teelöffel Jalapeño gehackt und entkernt (vglNeigung); und 1 Esslöffel frischer Zitronensaft. Pulsieren bis fein gehackt.

GEGRILLTER HÜHNCHEN-PAILLARD-SALAT MIT HIMBEEREN, ROTE BEETE UND GERÖSTETEN MANDELN

HAUSAUFGABEN:30 Minuten Braten: 45 Minuten Marinieren: 15 Minuten Grillen: 8 Minuten Ergibt: 4 Portionen

½ Tasse ganze Mandeln

1½ Teelöffel Olivenöl

1 mittelgroße Rote Bete

1 mittelgroße goldene Rübe

2 6 bis 8 Unzen hautlose, knochenlose Hähnchenbrusthälften

2 Tassen frische oder gefrorene Himbeeren, aufgetaut

3 Esslöffel Rot- oder Weißweinessig

2 Esslöffel gehackter frischer Estragon

1 Esslöffel gehackte Schalotte

1 Teelöffel Senf nach Dijon-Art (sRezept)

¼ Tasse Olivenöl

Schwarzer Pfeffer

8 Tassen gemischter Salat

1. Für die Mandeln den Backofen auf 200 °C vorheizen. Die Mandeln auf einem kleinen Backblech verteilen und mit ½ Teelöffel Olivenöl vermischen. Backen Sie für ungefähr 5 Minuten oder bis duftend und golden. Lass es abkühlen. (Mandeln können zwei Tage im Voraus geröstet und in einem luftdichten Behälter aufbewahrt werden.)

2. Für die Rüben jede Rübe auf ein kleines Stück Alufolie legen und mit je ½ Teelöffel Olivenöl beträufeln. Alufolie locker um die Rüben wickeln und auf ein Backblech oder eine Auflaufform legen. Rösten Sie die Rüben im Ofen bei 400 ° F für 40 bis 50 Minuten oder bis sie weich sind, wenn Sie sie mit einem Messer durchbohren. Aus dem Ofen nehmen

und ruhen lassen, bis es kühl genug zum Anfassen ist. Mit einem Küchenmesser die Haut entfernen. Rote Bete in Spalten schneiden und aufbewahren. (Vermeide es, die Rüben zu mischen, damit die Rote Bete die goldenen Rüben nicht verfärbt. Die Rüben können am Vortag geröstet und gekühlt werden. Vor dem Servieren auf Raumtemperatur bringen.)

3. Für das Hähnchen jede Hähnchenbrust waagerecht halbieren. Legen Sie jedes Hühnchenstück zwischen zwei Stücke Plastikfolie. Mit einem Fleischklopfer vorsichtig schlagen, bis es etwa 1/2 Zoll dick ist. Legen Sie das Huhn in eine flache Schüssel und stellen Sie es beiseite.

4. Für die Vinaigrette in einer großen Schüssel ¾ Tasse Himbeeren mit einem Schneebesen leicht zerdrücken (die restlichen Himbeeren für den Salat aufbewahren). Fügen Sie Essig, Estragon, Schalotte und Dijon-Senf hinzu; schlagen zu mischen. Fügen Sie ¼ Tasse Olivenöl in einem dünnen Strahl hinzu und rühren Sie um, um es gut zu vermischen. Gießen Sie ½ Tasse Vinaigrette über das Huhn; Drehen Sie das Huhn um, um es zu panieren (reservieren Sie die restliche Vinaigrette für den Salat). Lassen Sie das Hähnchen 15 Minuten bei Raumtemperatur marinieren. Das Huhn aus der Marinade nehmen und mit Pfeffer bestreuen; verwerfen Sie die restliche Marinade in der Schüssel.

5. Bei einem Holzkohle- oder Gasgrill das Hähnchen bei mittlerer Hitze direkt auf den Grill legen. Decken Sie es ab und grillen Sie es 8 bis 10 Minuten lang oder bis das Huhn nicht mehr rosa ist. Wenden Sie es nach der Hälfte des

Grillvorgangs einmal. (Das Hähnchen kann auch in einer Grillpfanne gegart werden.)

6. Kombinieren Sie in einer großen Schüssel den Salat, die Rüben und die restlichen 1¼ Tassen Himbeeren. Gießen Sie reservierte Vinaigrette über Salat; sanft schwenken, um es zu beschichten. Den Salat auf vier Teller verteilen; Jeweils mit einem Stück gegrillter Hähnchenbrust belegen. Die gerösteten Mandeln grob hacken und darüber streuen. Sofort servieren.

HÄHNCHENBRUST GEFÜLLT MIT BROCCOLI MIT FRISCHER TOMATENSAUCE UND CAESAR SALAD

HAUSAUFGABEN:40 Minuten kochen: 25 Minuten ergeben: 6 Portionen

- 3 Esslöffel Olivenöl
- 2 Teelöffel gehackter Knoblauch
- ¼ Teelöffel zerstoßener roter Pfeffer
- 1 Pfund Brokkoli-Raab, getrimmt und gehackt
- ½ Tasse schwefelfreie goldene Rosinen
- ½ Tasse Wasser
- 4 5 bis 6 Unzen hautlose, knochenlose Hähnchenbrusthälften
- 1 Tasse gehackte Zwiebel
- 3 Tassen gehackte Tomaten
- ¼ Tasse gehackter frischer Basilikum
- 2 Teelöffel Rotweinessig
- 3 Esslöffel frischer Zitronensaft
- 2 Esslöffel Paleo Mayo (vglRezept)
- 2 Teelöffel Senf nach Dijon-Art (vglRezept)
- 1 Teelöffel gehackter Knoblauch
- ½ Teelöffel schwarzer Pfeffer
- ¼ Tasse Olivenöl
- 10 Tassen zerkleinerter Römersalat

1. In einer großen Pfanne 1 Esslöffel Olivenöl bei mittlerer bis hoher Hitze erhitzen. Fügen Sie den Knoblauch und die zerdrückte rote Paprika hinzu; kochen und 30 Sekunden umrühren oder bis es duftet. Gehackten Brokkoli, Rosinen und ½ Tasse Wasser hinzufügen. Decken Sie es ab und kochen Sie es etwa 8 Minuten lang oder bis die Brokkoli-Rabe weich und zart ist. Entfernen Sie den Deckel von der

Pfanne; lassen Sie das überschüssige Wasser verdunsten. Beiseite legen.

2. Für die Wraps jede Hähnchenbrust der Länge nach halbieren; Legen Sie jedes Stück zwischen zwei Plastikstücke. Mit der flachen Seite eines Fleischhammers leicht auf das Hähnchen klopfen, bis es etwa ¼ Zoll dick ist. Legen Sie für jede Rolle etwa ¼ Tasse der Brokkoli-Krabben-Mischung auf eines der kurzen Enden; aufrollen, seitlich falten, um die Füllung vollständig zu umschließen. (Die Brötchen können bis zu einem Tag im Voraus zubereitet und bis zum Kochen gekühlt werden.)

3. In einer großen Pfanne 1 Esslöffel Olivenöl bei mittlerer bis hoher Hitze erhitzen. Fügen Sie Rollen hinzu, Nahtseiten nach unten. Etwa 8 Minuten braten oder bis sie auf allen Seiten gebräunt sind, dabei zwei- oder dreimal wenden. Brötchen auf eine Platte geben.

4. Für die Sauce 1 EL des restlichen Olivenöls in einem Topf bei mittlerer Hitze erhitzen. Fügen Sie die Zwiebel hinzu; Kochen Sie etwa 5 Minuten oder bis sie durchscheinend sind. Tomaten und Basilikum dazugeben. Legen Sie die Rollen auf die Sauce in der Pfanne. Bei mittlerer Hitze zum Kochen bringen; die Hitze reduzieren. Zudecken und etwa 5 Minuten köcheln lassen oder bis die Tomaten anfangen zu zerfallen, aber noch ihre Form behalten und die Brötchen durchgewärmt sind.

5. Für das Dressing Zitronensaft, Paleo-Mayonnaise, Dijon-Senf, Knoblauch und schwarzen Pfeffer in einer kleinen Schüssel vermischen. Mit ¼ Tasse Olivenöl beträufeln, umrühren, bis es emulgiert ist. In einer großen Schüssel

das Dressing mit dem zerkleinerten Römersalat mischen. Zum Servieren den Römersalat auf sechs Servierteller verteilen. Die Rollen schneiden und auf den Römersalat legen; mit Tomatensauce beträufeln.

SHAWARMA-WRAPS MIT GEGRILLTEM HÜHNCHEN, KRÄUTERN UND PINIENKERN-DRESSING

HAUSAUFGABEN:20 Minuten Marinieren: 30 Minuten Grillen: 10 Minuten Ergibt: 8 Brötchen (für 4 Portionen)

1½ Pfund knochenlose, hautlose Hähnchenbrust, in 2-Zoll-Stücke geschnitten

5 Esslöffel Olivenöl

2 Esslöffel frischer Zitronensaft

1¾ Teelöffel gemahlener Kreuzkümmel

1 Teelöffel gehackter Knoblauch

1 Teelöffel Paprika

½ Teelöffel Currypulver

½ Teelöffel gemahlenes Braun

¼ Teelöffel Cayennepfeffer

1 mittelgroße Zucchini, halbiert

1 kleine Aubergine in ½-Zoll-Scheiben schneiden

1 große gelbe Paprika, halbiert und entkernt

1 mittelgroße rote Zwiebel, geviertelt

8 Kirschtomaten

8 große Blätter Buttersalat

Geröstetes Pinienkern-Dressing (vgl[Rezept](Rezept))

Zitronenscheiben

1. Für die Marinade in einer kleinen Schüssel 3 EL Olivenöl, Zitronensaft, TL Kreuzkümmel, Knoblauch, ½ TL Paprikapulver, Currypulver, ¼ TL Zimt und Cayennepfeffer vermischen. Hähnchenstücke in einen großen wiederverschließbaren Plastikbeutel in eine flache Schüssel geben. Gießen Sie die Marinade über das Huhn. Verschließe den Beutel. Verwandle eine Tasche in

einen Mantel. 30 Minuten im Kühlschrank marinieren lassen, dabei den Beutel gelegentlich wenden.

2. Das Huhn aus der Marinade nehmen; die Marinade wegwerfen. Das Hähnchen auf vier lange Spieße stecken.

3. Zucchini, Aubergine, Paprika und Zwiebel auf ein Backblech legen. Mit 2 EL Olivenöl beträufeln. Streuen Sie den restlichen ¾ Teelöffel Kreuzkümmel, den restlichen ½ Teelöffel Paprika und den restlichen ¼ Teelöffel Zimt; Reiben Sie leicht über das Gras. Die Tomaten auf zwei Spieße stecken.

3. Für einen Holzkohle- oder Gasgrill die Hähnchenspieße und die Tomaten und das Gemüse bei mittlerer Hitze auf den Grill legen. Abdecken und grillen, bis das Huhn nicht mehr rosa und das Gemüse leicht gebräunt und knusprig ist, dabei einmal wenden. Warten Sie 10-12 Minuten für das Huhn, 8-10 Minuten für das Gemüse und 4 Minuten für die Tomaten.

4. Hühnchen von den Spießen nehmen. Zerkleinern Sie das Huhn und schneiden Sie die Zucchini, die Aubergine und die Paprika in kleine Stücke. Die Tomaten von den Spießen lösen (nicht hacken). Legen Sie das Huhn und das Gemüse auf eine Platte. Zum Servieren etwas Hähnchen und Gemüse auf Salatblätter geben; mit geröstetem Pinienkern-Dressing beträufeln. Mit Zitronenspalten servieren.

GEBACKENE HÄHNCHENBRUST MIT CHAMPIGNONS, KNOBLAUCHPÜREE AUS BLUMENKOHL UND GERÖSTETEM SPARGEL

ANFANG BIS ENDE:50 Minuten ergibt: 4 Portionen

4 10- bis 12-Unzen-Hähnchenbrusthälften mit Knochen, Haut entfernt

3 Tassen kleine weiße Pilze

1 Tasse dünn geschnittener Lauch oder gelbe Zwiebel

2 Tassen Hühnerknochenbrühe (vgl Rezept) oder ungesalzene Hühnerbrühe

1 Glas trockener Weißwein

1 großer Bund frischer Thymian

Schwarzer Pfeffer

Weißweinessig (optional)

1 Blumenkohlkopf, in Röschen getrennt

12 geschälte Knoblauchzehen

2 Esslöffel Olivenöl

Weißer oder Cayennepfeffer

1 Pfund Spargel, gehackt

2 Teelöffel Olivenöl

1. Heizen Sie den Ofen auf 400 °F vor. Legen Sie die Hähnchenbrust in eine rechteckige 3-Liter-Auflaufform; Mit Champignons und Lauch garnieren. Gießen Sie die Hühnerknochenbrühe und den Wein über das Huhn und das Gemüse. Den Thymian darüber streuen und mit schwarzem Pfeffer bestreuen. Decken Sie die Schüssel mit Alufolie ab.

2. Backen Sie für 35 bis 40 Minuten oder bis ein sofort ablesbares Thermometer, das in das Huhn eingeführt wird, 170 ° F anzeigt. Entfernen und entsorgen Sie die

Thymianzweige. Auf Wunsch vor dem Servieren die Schmorflüssigkeit mit einem Spritzer Essig verrühren.

2. In der Zwischenzeit Blumenkohl und Knoblauch in einem großen Topf in ausreichend kochendem Wasser etwa 10 Minuten kochen oder bis sie sehr weich sind. Blumenkohl und Knoblauch abgießen, dabei 2 Esslöffel der Kochflüssigkeit auffangen. Geben Sie den Blumenkohl und die aufgefangene Kochflüssigkeit in eine Küchenmaschine oder eine große Rührschüssel. Glatt pürieren* oder mit einem Kartoffelstampfer pürieren; 2 Esslöffel Olivenöl hinzugeben und mit weißem Pfeffer abschmecken. Bis zum Servieren warm halten.

3. Ordnen Sie den Spargel in einer Schicht auf einem Backblech an. Mit 2 EL Olivenöl beträufeln und schwenken. Mit schwarzem Pfeffer bestreuen. Braten Sie in einem 400 ° F Ofen ungefähr 8 Minuten oder bis sie knusprig sind und einmal umrühren.

4. Das Blumenkohlpüree auf sechs Servierteller verteilen. Mit Hühnchen, Champignons und Lauch belegen. Mit etwas Schmorflüssigkeit beträufeln; mit gegrilltem Spargel servieren.

*Hinweis: Wenn Sie eine Küchenmaschine verwenden, achten Sie darauf, dass Sie nicht zu stark verarbeiten, da der Blumenkohl sonst zu dünn wird.

HÜHNERSUPPE NACH THAILÄNDISCHER ART

HAUSAUFGABEN:30 Minuten Einfrieren: 20 Minuten Kochen: 50 Minuten Ausbeute: 4 bis 6 Portionen

TAMARINDE IST EINE BITTERE UND MOSCHUSARTIGE FRUCHT.IN DER INDISCHEN, THAILÄNDISCHEN UND MEXIKANISCHEN KÜCHE VERWENDET. VIELE KOMMERZIELL HERGESTELLTE TAMARINDENPASTEN ENTHALTEN ZUCKER; STELLEN SIE SICHER, DASS SIE EINE KAUFEN, DIE ES NICHT HAT. KAFFERNLIMETTENBLÄTTER SIND IN DEN MEISTEN ASIATISCHEN MÄRKTEN FRISCH, GEFROREN UND GETROCKNET ERHÄLTLICH. WENN SIE SIE NICHT FINDEN KÖNNEN, ERSETZEN SIE DIE BLÄTTER IN DIESEM REZEPT DURCH 1½ TEELÖFFEL FEIN GERIEBENE LIMETTENSCHALE.

- 2 Stangen Zitronengras, getrimmt
- 2 Esslöffel unraffiniertes Kokosöl
- ½ Tasse dünn geschnittener Schnittlauch
- 3 große Knoblauchzehen, in dünne Scheiben geschnitten
- 8 Tassen Hühnerknochenbrühe (vgl<u>Rezept</u>) oder ungesalzene Hühnerbrühe
- ¼ Tasse Tamarindenpaste ohne Zuckerzusatz (z. B. Marke Tamicon)
- 2 Esslöffel Nori-Flocken
- 3 frische Thai-Chilis, in dünne Scheiben geschnitten mit intakten Samen (vgl<u>Neigung</u>)
- 3 Kaffirlimettenblätter
- 1 3-Zoll-Stück Ingwer, in dünne Scheiben geschnitten
- 4 6 Unzen knochenlose, hautlose Hähnchenbrusthälften
- 1 14,5-Unzen-Dose gewürfelte, feuergeröstete Tomaten ohne Salzzusatz, nicht abgetropft
- 6 Unzen feiner Spargel, getrimmt und dünn geschnitten diagonal in 1/2-Zoll-Stücke
- ½ Tasse verpackte Thai-Basilikumblätter (vgl<u>Notiz</u>)

1. Drücken Sie mit dem Rücken eines Messers und festem Druck auf die Stiele des Zitronengrases. Gequetschte Stiele fein hacken.

2. In einem Dutch Oven das Kokosöl bei mittlerer Hitze erhitzen. Fügen Sie das Zitronengras und den Schnittlauch hinzu; 8 bis 10 Minuten garen, dabei oft umrühren. Fügen Sie den Knoblauch hinzu; kochen und 2 bis 3 Minuten rühren oder bis es sehr duftet.

3. Hühnerknochenbrühe, Tamarindenpaste, Nori-Flocken, Chilischoten, Limettenblätter und Ingwer hinzugeben. Lassen Sie es kochen; die Hitze reduzieren. Zugedeckt bei schwacher Hitze 40 Minuten garen.

4. In der Zwischenzeit das Hähnchen 20 bis 30 Minuten einfrieren oder bis es fest ist. Hähnchen in dünne Stücke schneiden.

5. Die Suppe durch ein feines Sieb in einen großen Topf passieren und mit der Rückseite eines großen Löffels nach unten drücken, um die Aromen herauszuziehen. Entsorgen Sie die Feststoffe. Die Suppe zum Kochen bringen. Fügen Sie Huhn, undrainierte Tomaten, Spargel und Basilikum hinzu. Hitze reduzieren; ohne Deckel 2 bis 3 Minuten köcheln lassen oder bis das Huhn gar ist. Sofort servieren.

GEGRILLTES HÜHNCHEN MIT ZITRONE UND SALBEI MIT ESKARIOL

HAUSAUFGABEN:15 Minuten Braten: 55 Minuten Ruhezeit: 5 Minuten Ergibt: 4 Portionen

ZITRONENSCHEIBEN UND SALBEIBLÄTTER.UNTER DIE HAUT DES HUHNS GELEGT, VERLEIHT ES DEM FLEISCH BEIM GAREN GESCHMACK UND ERZEUGT EIN AUFFÄLLIGES MUSTER UNTER DER KNUSPRIGEN, MATTEN HAUT, NACHDEM ES AUS DEM OFEN KOMMT.

- 4 Hähnchenbrusthälften mit Knochen (mit Haut)
- 1 Zitrone, sehr dünn geschnitten
- 4 große Salbeiblätter
- 2 Teelöffel Olivenöl
- 2 Teelöffel mediterrane Gewürze (vgl Rezept)
- ½ Teelöffel schwarzer Pfeffer
- 2 Esslöffel natives Olivenöl extra
- 2 Schalotten, gehackt
- 2 gehackte Knoblauchzehen
- 4 Lockenköpfe, längs halbiert

1. Heizen Sie den Ofen auf 400 ° F. Lösen Sie mit einem Schälmesser sehr vorsichtig die Haut von jeder Brusthälfte und lassen Sie sie an einer Seite haften. 2 Zitronenspalten und 1 Salbeiblatt auf das Fleisch jeder Brust legen. Ziehen Sie die Haut vorsichtig wieder an ihren Platz und drücken Sie sie vorsichtig nach unten, um sie zu befestigen.

2. Legen Sie das Huhn in eine flache Bratpfanne. Hühnchen mit 2 Teelöffeln Olivenöl bepinseln; mit mediterranen Gewürzen und ¼ Teelöffel Pfeffer bestreuen. Grillen Sie

unbedeckt etwa 55 Minuten oder bis die Haut goldbraun und knusprig ist und ein sofort ablesbares Thermometer, das in das Hähnchen eingeführt wird, 170 ° F anzeigt. Lassen Sie das Hähnchen vor dem Servieren 10 Minuten ruhen.

3. In der Zwischenzeit in einer großen Pfanne 2 Esslöffel Olivenöl bei mittlerer Hitze erhitzen. Fügen Sie die Schalotten hinzu; ca. 2 Minuten kochen oder bis sie durchscheinend sind. Den Endiviensalat mit dem restlichen Teelöffel Pfeffer bestreuen. Den Knoblauch in die Pfanne geben. Den Endiviensalat mit den Seiten nach unten in eine Pfanne geben. Kochen Sie etwa 5 Minuten oder bis sie gebräunt sind. Drehen Sie die Locke vorsichtig um; Kochen Sie weitere 2 bis 3 Minuten oder bis sie weich sind. Mit Hähnchen servieren.

HÜHNCHEN MIT SCHNITTLAUCH, BRUNNENKRESSE UND RETTICH

HAUSAUFGABEN:20 Minuten kochen: 8 Minuten backen: 30 Minuten ergeben: 4 Portionen

AUCH WENN ES SELTSAM ERSCHEINEN MAG, RETTICH ZU KOCHEN,HIER WERDEN SIE KAUM GEKOCHT, GERADE GENUG, UM IHREN WÜRZIGEN BISS ZU MILDERN UND SIE EIN WENIG WEICHER ZU MACHEN.

- 3 Esslöffel Olivenöl
- 4 10- bis 12-Unzen-Hähnchenbrusthälften mit Knochen (mit Haut)
- 1 Esslöffel Zitronen-Kräuter-Gewürz (vglRezept)
- ¾ Tasse gehackter Schnittlauch
- 6 Radieschen, in dünne Scheiben geschnitten
- ¼ Teelöffel schwarzer Pfeffer
- ½ Tasse trockener weißer Wermut oder trockener Weißwein
- ⅓ Tasse Cashewcreme (vglRezept)
- 1 Bund Brunnenkresse, Stängel geputzt und gehackt
- 1 Esslöffel gehackter frischer Dill

1. Den Ofen auf 350 ° F vorheizen.In einer großen Pfanne das Olivenöl bei mittlerer bis hoher Hitze erhitzen. Trockne das Huhn mit einem Papiertuch ab. Braten Sie das Huhn mit der Hautseite nach unten 4 bis 5 Minuten lang oder bis die Haut goldbraun und knusprig ist. Drehen Sie das Huhn um; Kochen Sie etwa 4 Minuten oder bis sie gebräunt sind. Legen Sie das Huhn mit der Hautseite nach oben in eine flache Auflaufform. Das Hähnchen mit dem Zitronen-Kräuter-Gewürz bestreuen. Etwa 30 Minuten backen oder bis ein sofort ablesbares Thermometer, das in das Huhn eingeführt wird, 170 ° F anzeigt.

2. Gießen Sie in der Zwischenzeit alles bis auf 1 Esslöffel Fett aus der Pfanne; Pfanne erneut erhitzen. Fügen Sie das Kraut und den Rettich hinzu; ca. 3 Minuten kochen oder bis die Chili verwelkt ist. Mit Pfeffer bestreuen. Den Wermut dazugeben, umrühren, um alle braunen Stücke abzukratzen. Lassen Sie es kochen; kochen, bis es reduziert und leicht eingedickt ist. Fügen Sie die Cashew-Creme hinzu; lass es kochen. Pfanne vom Herd nehmen; Brunnenkresse und Dill beigeben, leicht rühren, bis die Brunnenkresse zusammenfällt. Fügen Sie alle Hühnersäfte hinzu, die sich in der Auflaufform gesammelt haben.

3. Teilen Sie die Schnittlauchmischung in vier Servierschalen; mit Hähnchen belegen.

CHICKEN TIKKA MASALA

HAUSAUFGABEN:30 Minuten Marinieren: 4 bis 6 Stunden Kochen: 15 Minuten Grillen: 8 Minuten Ergiebigkeit: 4 Portionen

DIES WURDE VON EINEM SEHR BELIEBTEN INDISCHEN GERICHT INSPIRIERT.DIE VIELLEICHT GAR NICHT IN INDIEN ENTSTANDEN SIND, SONDERN IN EINEM INDISCHEN RESTAURANT IN GROßBRITANNIEN. EIN TRADITIONELLES HÜHNCHEN-TIKKA-MASALA SIEHT VOR, DASS DAS HÄHNCHEN IN JOGHURT MARINIERT UND DANN IN EINER WÜRZIGEN TOMATENSAUCE MIT SAHNE GEKOCHT WIRD. OHNE MILCH, DIE DEN GESCHMACK DER SAUCE MILDERT, SCHMECKT DIESE VERSION BESONDERS SAUBER. ANSTELLE VON REIS WIRD ES ÜBER KNUSPRIGEN ZUCCHINI-NUDELN SERVIERT.

- 1½ Pfund knochenlose, hautlose Hähnchenschenkel oder Hähnchenbrusthälften
- ¾ Tasse einfache Kokosmilch (wie Nature's Way)
- 6 Knoblauchzehen, gehackt
- 1 Esslöffel geriebener frischer Ingwer
- 1 Teelöffel gemahlener Koriander
- 1 Teelöffel Paprika
- 1 Teelöffel gemahlener Kreuzkümmel
- ¼ Teelöffel gemahlener Kardamom
- 4 Esslöffel raffiniertes Kokosöl
- 1 Tasse gehackte Karotten
- 1 Sellerie fein gehackt
- ½ Tasse gehackte Zwiebel
- 2 Jalapeño- oder Serrano-Chilis, entkernt (falls gewünscht) und fein gehackt (vglNeigung)
- 1 14,5-Unzen-Dose gewürfelte, feuergeröstete Tomaten ohne Salzzusatz, nicht abgetropft
- 1 8-Unzen-Dose Tomatensauce ohne Salzzusatz
- 1 Teelöffel Garam Masala ohne Salzzusatz

3 mittelgroße Zucchini
½ Teelöffel schwarzer Pfeffer
frische Korianderblätter

1. Wenn Sie Hähnchenschenkel verwenden, schneiden Sie jeden Schenkel in drei Stücke. Wenn Sie Hähnchenbrusthälften verwenden, schneiden Sie jede Brusthälfte in 2-Zoll-Stücke und schneiden Sie dicke Teile horizontal in zwei Hälften, um dünnere Stücke zu erhalten. Legen Sie das Huhn in eine große wiederverschließbare Plastiktüte; beiseite legen. Für die Marinade in einer kleinen Schüssel ½ Tasse Kokosmilch, Knoblauch, Ingwer, Koriander, Paprika, Kreuzkümmel und Kardamom vermischen. Gießen Sie die Marinade über das Huhn in der Tüte. Verschließen Sie den Beutel und wenden Sie ihn, um das Huhn zu beschichten. Legen Sie den Beutel in eine mittelgroße Schüssel; 4 bis 6 Stunden im Kühlschrank marinieren, dabei den Beutel gelegentlich wenden.

2. Grill vorheizen. In einer großen Pfanne 2 Esslöffel Kokosöl bei mittlerer Hitze erhitzen. Karotten, Sellerie und Zwiebeln hinzufügen; 6 bis 8 Minuten kochen oder bis das Gemüse weich ist, gelegentlich umrühren. Jalapeños hinzufügen; kochen und eine weitere Minute umrühren. Fügen Sie nicht abgetropfte Tomaten und Tomatensauce hinzu. Lassen Sie es kochen; die Hitze reduzieren. Ohne Deckel ca. 5 Minuten köcheln lassen oder bis die Sauce leicht eindickt.

3. Das Huhn abtropfen lassen und die Marinade wegwerfen. Ordnen Sie die Hähnchenteile in einer Schicht auf dem unbeheizten Grillrost an. Grillen Sie 5 bis 6 Zoll von der

Hitze 8 bis 10 Minuten oder bis das Huhn nicht mehr rosa ist, drehen Sie es einmal nach der Hälfte des Grillens. Fügen Sie die gekochten Hühnchenstücke und die restlichen ¼ Tasse Kokosmilch zur Tomatenmischung in der Pfanne hinzu. Kochen Sie für 1 bis 2 Minuten oder bis sie durchgeheizt sind. Vom Herd nehmen; fügen Sie das Garam Masala hinzu.

4. Schneiden Sie die Ränder der Zucchini ab. Schneide die Zucchini mit einem Julienne-Schneider in lange, dünne Streifen. In einer extragroßen Pfanne die restlichen 2 Esslöffel Kokosöl bei mittlerer Hitze erhitzen. Zucchinistreifen und schwarzen Pfeffer hinzufügen. Koche und rühre für 2 bis 3 Minuten oder bis die Zucchini knusprig ist.

5. Zum Servieren die Zucchini auf vier Servierteller verteilen. Mit der Hühnermischung bedecken. Mit Korianderblättern garnieren.

RAS EL HANOUT HÜHNERSCHENKEL

HAUSAUFGABEN:20 Minuten kochen: 40 Minuten ergeben: 4 Portionen

RAS EL-HANOUT IST EIN URLAUBSORTUND EINE MISCHUNG AUS EXOTISCHEN MAROKKANISCHEN GEWÜRZEN. DER AUSDRUCK BEDEUTET AUF ARABISCH "LADENBESITZER", WAS DARAUF HINDEUTET, DASS ES SICH UM EINE EINZIGARTIGE MISCHUNG DER BESTEN GEWÜRZE HANDELT, DIE DER GEWÜRZHÄNDLER ZU BIETEN HAT. ES GIBT KEIN FESTES REZEPT FÜR RAS EL HANOUT, ABER ES ENTHÄLT OFT EINE MISCHUNG AUS INGWER, ANIS, ZIMT, MUSKATNUSS, PFEFFER, NELKEN, KARDAMOM, GETROCKNETEN BLÜTEN (WIE LAVENDEL UND ROSE), SCHWARZER NIGELLA, MUSKATBLÜTE, GALGANT UND KURKUMA. .

- 1 Esslöffel gemahlener Kreuzkümmel
- 2 Teelöffel gemahlener Ingwer
- 1½ Teelöffel schwarzer Pfeffer
- 1½ Teelöffel gemahlener brauner Zucker
- 1 Teelöffel gemahlener Koriander
- 1 Teelöffel Cayennepfeffer
- 1 Teelöffel gemahlener Piment
- ½ Teelöffel gemahlene Nelken
- ¼ Teelöffel gemahlene Muskatnuss
- 1 Teelöffel Safranfäden (optional)
- 4 Esslöffel unraffiniertes Kokosöl
- 8 Hähnchenschenkel mit Knochen
- 1 8-Unzen-Paket frische Champignons, in Scheiben geschnitten
- 1 Tasse gehackte Zwiebel
- 1 Tasse gehackte rote, gelbe oder grüne Paprika (1 große)
- 4 Roma-Tomaten, entkernt, entkernt und gewürfelt
- 4 Knoblauchzehen, gehackt

2 13,5-Unzen-Dosen einfache Kokosmilch (wie Nature's Way)
3 bis 4 Esslöffel frischer Zitronensaft
¼ Tasse fein gehackter frischer Koriander

1. Für den El-Hanout-Kopf Kreuzkümmel, Ingwer, schwarzer Pfeffer, Zimt, Koriander, Cayennepfeffer, Piment, Nelken, Muskatnuss und nach Belieben Safran in einem mittelgroßen Mörser oder einer kleinen Schüssel mischen. Mit einem Stößel zerdrücken oder mit einem Löffel umrühren, um alles gut zu vermischen. Beiseite legen.

2. In einer extragroßen Pfanne 2 Esslöffel Kokosöl bei mittlerer Hitze erhitzen. Die Hähnchenschenkel mit 1 Esslöffel Ras el Hanout bestreuen. Fügen Sie Huhn Bratpfanne hinzu; 5 bis 6 Minuten kochen oder bis sie gebräunt sind, nach der Hälfte des Garvorgangs einmal wenden. Hähnchen aus der Pfanne nehmen; warm halten

3. In derselben Pfanne die restlichen 2 Esslöffel Kokosöl bei mittlerer Hitze erhitzen. Champignons, Zwiebel, Paprika, Tomate und Knoblauch dazugeben. Kochen und rühren Sie etwa 5 Minuten oder bis das Gemüse weich ist. Kokosmilch, Limettensaft und 1 Esslöffel Ras el Hanout hinzugeben. Das Hähnchen wieder in die Pfanne geben. Lassen Sie es kochen; die Hitze reduzieren. Zugedeckt etwa 30 Minuten köcheln lassen oder bis das Huhn weich ist (175 °F).

4. Hähnchen, Gemüse und Soße in Schalen servieren. Mit Koriander garnieren.

Hinweis: Bewahren Sie übrig gebliebenes Ras el Hanout bis zu einem Monat in einem abgedeckten Behälter auf.

HÄHNCHENSCHENKEL IN CARAMBOLA-MARINADE AUF GESCHMORTEM SPINAT

HAUSAUFGABEN:40 Minuten Marinade: 4 bis 8 Stunden Kochen: 45 Minuten
Produktion: 4 Portionen

WENN NÖTIG, TROCKNEN SIE DAS HUHN.MIT EINEM PAPIERTUCH NACH DEM HERAUSNEHMEN AUS DER MARINADE VOR DEM BRÄUNEN IN DER PFANNE. EVENTUELL IM FLEISCH VERBLIEBENE FLÜSSIGKEIT WIRD IN DAS HEIßE ÖL GEGOSSEN.

- 8 Hähnchenschenkel mit Knochen (1½ bis 2 Pfund), Haut entfernt
- ¾ Tasse Weiß- oder Apfelessig
- ¾ Tasse frischer Orangensaft
- ½ Tasse Wasser
- ¼ Tasse gehackte Zwiebel
- ¼ Tasse gehackter frischer Koriander
- 4 Knoblauchzehen, gehackt
- ½ Teelöffel schwarzer Pfeffer
- 1 Esslöffel Olivenöl
- 1 Karambole (Karambole), gehackt
- 1 Tasse Hühnerknochenbrühe (vgl Rezept) oder ungesalzene Hühnerbrühe
- 2 9-Unzen-Pakete frische Spinatblätter
- frische Korianderblätter (optional)

1. Hähnchen in einen Topf aus Edelstahl oder Emaille geben; beiseite legen. Kombinieren Sie in einer mittelgroßen Schüssel Essig, Orangensaft, Wasser, Zwiebel, ¼ Tasse gehackten Koriander, Knoblauch und Pfeffer; über das Huhn gießen. Zugedeckt im Kühlschrank 4 bis 8 Stunden marinieren.

2. Die Hühnermischung in einem Topf bei mittlerer Hitze zum Kochen bringen; die Hitze reduzieren. Zugedeckt 35 bis 40 Minuten köcheln lassen oder bis das Huhn nicht mehr rosa ist (175 °F).

3. In einer extragroßen Pfanne das Öl bei mittlerer bis hoher Hitze erhitzen. Mit einer Zange das Hähnchen aus dem Dutch Oven nehmen und vorsichtig umrühren, damit die Kochflüssigkeit tropft; Kochflüssigkeit aufbewahren. Braten Sie das Huhn von allen Seiten an und wenden Sie es häufig, um es gleichmäßig zu bräunen.

4. In der Zwischenzeit für die Sauce die Kochflüssigkeit zugießen; Zurück zum Dutch Oven. Lassen Sie es kochen. Kochen Sie ungefähr 4 Minuten, um ein wenig zu reduzieren und zu verdicken; fügen Sie die Karambole hinzu; eine weitere Minute kochen. Das Hähnchen in der Sauce wieder in den Dutch Oven geben. Vom Herd nehmen; zudecken, um warm zu bleiben.

5. Pfanne reinigen. Gießen Sie die Hühnerknochenbrühe in eine Pfanne. Bei mittlerer Hitze zum Kochen bringen; fügen Sie den Spinat hinzu. Hitze reduzieren; 1 bis 2 Minuten köcheln lassen oder bis der Spinat zusammengefallen ist, dabei ständig umrühren. Den Spinat mit einem Schaumlöffel auf eine Servierplatte geben. Mit Hähnchen und Soße belegen. Nach Belieben mit Korianderblättern bestreuen.

POBLANO-KOHL UND HÄHNCHEN-TACOS MIT CHIPOTLE-MAYONNAISE

HAUSAUFGABEN:25 Minuten backen: 40 Minuten ergeben: 4 Portionen

SERVIEREN SIE DIESE CHAOTISCHEN, ABER LECKEREN TACOSMIT EINER GABEL, UM DIE FÜLLUNG AUFZUFANGEN, DIE BEIM ESSEN VOM KOHLBLATT FÄLLT.

1 Esslöffel Olivenöl

2 Chilis Poblano, entkernt (falls gewünscht) und gehackt (vglNeigung)

½ Tasse gehackte Zwiebel

3 Knoblauchzehen, gehackt

1 Esslöffel ungesalzenes Chilipulver

2 Teelöffel gemahlener Kreuzkümmel

½ Teelöffel schwarzer Pfeffer

1 8-Unzen-Dose Tomatensauce ohne Salzzusatz

¾ Tasse Hühnerknochenbrühe (vglRezept) oder ungesalzene Hühnerbrühe

1 Teelöffel getrockneter mexikanischer Oregano, zerkleinert

1 bis 1½ Pfund knochenlose, hautlose Hähnchenschenkel

10 bis 12 mittelgroße bis große Kohlblätter

Chipotle Paleo Mayo (vglRezept)

1. Den Ofen auf 350 ° F vorheizen.In einer großen ofenfesten Pfanne das Öl bei mittlerer bis hoher Hitze erhitzen. Poblano-Pfeffer, Zwiebel und Knoblauch hinzufügen; 2 Minuten kochen und umrühren. Chilipulver, Kreuzkümmel und schwarzen Pfeffer hinzufügen; eine weitere Minute kochen und rühren (ggf. die Hitze reduzieren, damit die Gewürze nicht anbrennen).

2. Tomatensauce, Hühnerknochenbrühe und Oregano in die Pfanne geben. Lassen Sie es kochen. Legen Sie die Hähnchenschenkel vorsichtig in die Tomatenmischung.

Decken Sie die Pfanne mit einem Deckel ab. Etwa 40 Minuten backen oder bis das Hähnchen durchgegart ist (175 °F), nach der Hälfte der Zeit einmal wenden.

3. Das Huhn aus der Pfanne nehmen; etwas abkühlen. Das Hähnchen mit zwei Gabeln in kleine Stücke zerpflücken. Fügen Sie zerkleinertes Hähnchen zur Tomatenmischung in der Pfanne hinzu.

4. Zum Servieren die Hühnermischung auf die Kohlblätter geben; Top mit Chipotle Paleo Mayo.

HÜHNEREINTOPF MIT BABYKAROTTEN UND BOK CHOY

HAUSAUFGABEN:15 Minuten Kochzeit: 24 Minuten Ruhezeit: 2 Minuten Ausbeute: 4 Portionen

BABY PAK CHOI IST SEHR EMPFINDLICHUND ES KANN IM HANDUMDREHEN VERKOCHT WERDEN. DAMIT ES KNUSPRIG UND FRISCH SCHMECKT, NICHT MATSCHIG ODER MATSCHIG, STELLEN SIE SICHER, DASS ES NICHT LÄNGER ALS 2 MINUTEN IM HEIßEN TOPF ABGEDECKT (VON DER HITZE) GEDÄMPFT WIRD, BEVOR SIE DEN EINTOPF SERVIEREN.

- 2 Esslöffel Olivenöl
- 1 Lauch, gehackt (weiße und hellgrüne Teile)
- 4 Tassen Hühnerknochenbrühe (vgl<u>Rezept</u>) oder ungesalzene Hühnerbrühe
- 1 Glas trockener Weißwein
- 1 Esslöffel Senf nach Dijon-Art (vgl<u>Rezept</u>)
- ½ Teelöffel schwarzer Pfeffer
- 1 Zweig frischer Thymian
- 1¼ Pfund knochenlose, hautlose Hähnchenschenkel, in 1-Zoll-Stücke geschnitten
- 8 Unzen Babykarotten, oben drauf, geschält, getrimmt und der Länge nach halbiert, oder 2 mittelgroße Karotten, schräg geschnitten
- 2 Teelöffel fein geriebene Zitronenschale (Reserve)
- 1 Esslöffel frischer Zitronensaft
- 2 Köpfe Baby Pak Choi
- ½ Teelöffel gehackter frischer Thymian

1. In einem großen Topf 1 Esslöffel Olivenöl bei mittlerer Hitze erhitzen. Kochen Sie den Lauch in dem heißen Öl für 3 bis 4 Minuten oder bis er weich ist. Hühnerknochenbrühe, Wein, Senf nach Dijon-Art, ¼ Teelöffel Pfeffer und einen Zweig Thymian hinzufügen. Lassen Sie es kochen; die Hitze reduzieren. 10 bis 12 Minuten kochen oder bis die

Flüssigkeit um etwa ein Drittel reduziert ist. Den Thymianzweig wegwerfen.

2. In der Zwischenzeit in einem Schmortopf den restlichen Esslöffel Olivenöl bei mittlerer bis hoher Hitze erhitzen. Hähnchen mit restlichen ¼ Teelöffel Pfeffer bestreuen. Kochen Sie in heißem Öl etwa 3 Minuten oder bis sie gebräunt sind und gelegentlich umrühren. Bei Bedarf das Fett abgießen. Geben Sie die reduzierte Brühemischung vorsichtig in den Topf und kratzen Sie alle braunen Stücke ab; Karotten hinzufügen. Lassen Sie es kochen; die Hitze reduzieren. Ohne Deckel 8 bis 10 Minuten köcheln lassen oder bis die Karotten weich sind. Fügen Sie den Zitronensaft hinzu. Pak Choi längs halbieren. (Wenn die Pak-Choi-Köpfe groß sind, schneiden Sie sie in Viertel.) Legen Sie den Pak-Choi auf das Huhn im Topf. Abdecken und vom Herd nehmen; 2 Minuten ruhen lassen.

3. Servieren Sie den Eintopf in flachen Schalen. Mit Zitronenschale und Thymianstreifen bestreuen.

STIR FRY CHICKEN MIT CASHEWNÜSSEN UND ORANGEN UND PAPRIKA AUF SALAT-WRAPS

ANFANG BIS ENDE:45 Minuten ergibt: 4 bis 6 Portionen

SIE FINDEN ZWEI ARTEN VONKOKOSÖL IN DEN REGALEN, RAFFINIERT UND EXTRA VERGINE ODER UNRAFFINIERT. WIE DER NAME SCHON SAGT, STAMMT EXTRA NATIVES KOKOSÖL AUS DER ERSTEN PRESSUNG FRISCHER, ROHER KOKOSNÜSSE. ES IST IMMER DIE BESTE WAHL, WENN SIE BEI MITTLERER ODER MITTLERER HITZE KOCHEN. RAFFINIERTES KOKOSÖL HAT EINEN HÖHEREN RAUCHPUNKT, VERWENDE ES ALSO NUR BEIM KOCHEN BEI HOHER HITZE.

- 1 Esslöffel raffiniertes Kokosöl
- 1½ bis 2 Pfund knochenlose, hautlose Hähnchenschenkel, in dünne mundgerechte Streifen geschnitten
- 3 rote, orange und/oder gelbe Paprika, entstielt, entkernt und in mundgerechte Streifen geschnitten
- 1 rote Zwiebel, längs halbiert und in dünne Scheiben geschnitten
- 1 Teelöffel fein geriebene Orangenschale (Reserve)
- ½ Tasse frischer Orangensaft
- 1 Esslöffel gehackter frischer Ingwer
- 3 Knoblauchzehen, gehackt
- 1 Tasse ungesalzene rohe Cashewnüsse, geröstet und grob gehackt (vglNeigung)
- ½ Tasse gehackter grüner Schnittlauch (4)
- 8 bis 10 Blatt Butter oder Eisbergsalat

1. In einem Wok oder einer großen Pfanne das Kokosöl bei starker Hitze erhitzen. Fügen Sie Huhn hinzu; 2 Minuten kochen und umrühren. Pfeffer und Zwiebel hinzufügen; kochen und 2 bis 3 Minuten lang umrühren oder bis das

Gemüse weich wird. Hähnchen und Gemüse aus dem Wok nehmen; warm halten

2. Wischen Sie den Wok mit einem Papiertuch sauber. Den Orangensaft in den Wok geben. Kochen Sie für ungefähr 3 Minuten oder bis die Säfte kochen und leicht reduzieren. Ingwer und Knoblauch hinzufügen. Eine Minute kochen und umrühren. Geben Sie die Hähnchen-Paprika-Mischung zurück in den Wok. Orangenschale, Cashewnüsse und Schnittlauch dazugeben. Braten auf Salatblättern servieren.

VIETNAMESISCHES HÜHNCHEN MIT KOKOSNUSS UND ZITRONENGRAS

ANFANG BIS ENDE: 30 Minuten ergibt: 4 Portionen

DIESES SCHNELLE KOKOSCURRYES KANN IN 30 MINUTEN AB DEM ZEITPUNKT, AN DEM SIE MIT DEM NASCHEN BEGINNEN, AUF DEM TISCH STEHEN, WAS ES ZU EINER IDEALEN MAHLZEIT FÜR EINE ARBEITSREICHE WOCHE MACHT.

- 1 Esslöffel unraffiniertes Kokosöl
- 4 Stangen Zitronengras (nur helle Teile)
- 1 Austernpilz in einer 3,2-Unzen-Packung, in Scheiben geschnitten
- 1 große Zwiebel, in dünne Scheiben geschnitten, Ringe halbiert
- 1 frischer Jalapeno, entkernt und fein gehackt (vgl Neigung)
- 2 Esslöffel gehackter frischer Ingwer
- 3 Knoblauchzehen, gehackt
- 1½ Pfund knochenlose, hautlose Hähnchenschenkel, dünn geschnitten und fein gewürfelt
- ½ Tasse einfache Kokosmilch (wie Nature's Way)
- ½ Tasse Hühnerknochenbrühe (vgl Rezept) oder ungesalzene Hühnerbrühe
- 1 Esslöffel ungesalzenes rotes Currypulver
- ½ Teelöffel schwarzer Pfeffer
- ½ Tasse gehackte frische Basilikumblätter
- 2 Esslöffel frischer Limettensaft
- Ungesüßte Kokosraspeln (optional)

1. In einer extragroßen Pfanne das Kokosöl bei mittlerer Hitze erhitzen. Zitronengras hinzufügen; 1 Minute kochen und umrühren. Fügen Sie Pilze, Zwiebel, Jalapeno, Ingwer und Knoblauch hinzu; kochen und 2 Minuten umrühren oder bis die Zwiebel weich ist. Fügen Sie Huhn hinzu; Kochen Sie ungefähr 3 Minuten oder bis das Huhn gekocht ist.

2. Mischen Sie in einer kleinen Schüssel Kokosmilch, Hühnerknochenbrühe, Currypulver und schwarzen Pfeffer. Fügen Sie Hühnermischung in Bratpfanne hinzu; Kochen Sie für eine Minute oder bis die Flüssigkeit leicht eindickt. Vom Herd nehmen; frisches Basilikum und Limettensaft hinzugeben. Nach Belieben Portionen mit Walnüssen bestreuen.

GEGRILLTES HÄHNCHEN UND APFEL-ESCAROLE-SALAT

HAUSAUFGABEN:30 Minuten grillen: 12 Minuten ergeben: 4 Portionen

WENN SIE SÜßE ÄPFEL MÖGENGEHEN SIE MIT HONEYCRISP. WENN SIE APFELKUCHEN MÖGEN, VERWENDEN SIE GRANNY SMITH ODER PROBIEREN SIE ZUR AUSGEWOGENHEIT EINE KOMBINATION AUS BEIDEN SORTEN.

3 mittelgroße Honeycrisp- oder Granny-Smith-Äpfel
4 Teelöffel natives Olivenöl extra
½ Tasse fein gehackte Schalotten
2 Esslöffel gehackte frische Petersilie
1 Esslöffel Geflügelgewürz
3 bis 4 lockige Köpfe, Viertel
1 Pfund gemahlene Hühner- oder Putenbrust
⅓ Tasse gehackte geröstete Haselnüsse*
⅓ Tasse klassische französische Vinaigrette (vglRezept)

1. Die Äpfel halbieren und entkernen. 1 Apfel schälen und fein würfeln. In einer mittleren Pfanne 1 Teelöffel Olivenöl bei mittlerer Hitze erhitzen. Fügen Sie die geschnittenen Äpfel und Schalotten hinzu; kochen bis sie weich sind. Petersilie und Geflügelgewürz zugeben. Lass es abkühlen.

2. In der Zwischenzeit die restlichen 2 Äpfel wenden und in Stücke schneiden. Die Schnittflächen der Apfelspalten und der Endivie mit dem restlichen Olivenöl bestreichen. In einer großen Schüssel das Huhn und die abgekühlte Apfelmischung mischen. In acht Portionen teilen; Jede Portion zu einem Patty mit 2 Zoll Durchmesser formen.

3. Bei einem Holzkohle- oder Gasgrill die Hähnchen-Pastetchen und die Apfelscheiben direkt bei mittlerer Hitze auf den Grill legen. Abdecken und 10 Minuten grillen, dabei nach der Hälfte des Grillvorgangs einmal wenden. Endivienschnitt mit der Seite nach unten hinzugeben. Abdecken und 2 bis 4 Minuten lang grillen oder bis die Endivie leicht verkohlt ist, die Babyäpfel und die Hähnchenbratlinge gar sind (165 °F).

4. Die Eskariol in große Stücke schneiden. Die Eskariole auf vier Servierteller verteilen. Mit Chicken Patties, Apfelscheiben und Haselnüssen garnieren. Mit klassischer französischer Vinaigrette beträufeln.

* Tipp: Um die Haselnüsse zu rösten, heizen Sie den Ofen auf 350° F vor. Verteilen Sie die Nüsse in einer einzigen Schicht in einer flachen Auflaufform. 8 bis 10 Minuten backen oder bis sie leicht geröstet sind, dabei einmal umrühren, um sie gleichmäßig zu bräunen. Die Nüsse etwas abkühlen. Legen Sie die warme Kokosnuss auf ein sauberes Küchentuch; Reiben Sie mit einem Handtuch, um lose Haut zu entfernen.

TOSKANISCHE HÜHNERSUPPE MIT GRÜNKOHLNUDELN

HAUSAUFGABEN:Cook 15 Minuten: 20 Minuten Ausbeute: 4 bis 6 Portionen

EIN LÖFFEL PESTO– BASILIKUM ODER RUCOLA IHRER WAHL – VERLEIHT DIESER WÜRZIGEN SUPPE, DIE MIT SALZFREIEM GEFLÜGELGEWÜRZ GEWÜRZT IST, EINEN GROßARTIGEN GESCHMACK. DAMIT DIE KOHLSTREIFEN HELLGRÜN UND SO NÄHRSTOFFREICH WIE MÖGLICH BLEIBEN, KOCHEN SIE SIE NUR, BIS SIE ZUSAMMENGEFALLEN SIND.

1 Pfund gemahlenes Huhn

2 Esslöffel ungesalzenes Geflügelgewürz

1 Teelöffel fein abgeriebene Zitronenschale

1 Esslöffel Olivenöl

1 Tasse gehackte Zwiebel

½ Tasse zerkleinerte Karotten

1 Tasse gehackter Sellerie

4 Knoblauchzehen, gehackt

4 Tassen Hühnerknochenbrühe (vglRezept) oder ungesalzene Hühnerbrühe

1 14,5-Unzen-Dose feuergeröstete Tomaten ohne Salzzusatz, nicht abgetropft

1 Bund Lacinato (toskanischer) Grünkohl, Stiele entfernt, in Streifen geschnitten

2 Esslöffel frischer Zitronensaft

1 Teelöffel gehackter frischer Thymian

Basilikumpesto oder Rucola (vglRezepte)

1. Mischen Sie in einer mittelgroßen Schüssel gemahlenes Hähnchen, Geflügelgewürz und Zitronenschale. Gut mischen.

2. In einem Dutch Oven das Olivenöl bei mittlerer Hitze erhitzen. Fügen Sie die Mischung aus Huhn, Zwiebeln, Karotten und Sellerie hinzu; 5 bis 8 Minuten kochen oder

bis das Huhn nicht mehr rosa ist, mit einem Holzlöffel umrühren, um das Fleisch zu zerkleinern, und in der letzten Minute des Kochens den gehackten Knoblauch hinzufügen. Fügen Sie die Hühnerknochenbrühe und die Tomaten hinzu. Lassen Sie es kochen; die Hitze reduzieren. Abdecken und bei schwacher Hitze 15 Minuten garen. Grünkohl, Zitronensaft und Thymian dazugeben. Ohne Deckel etwa 5 Minuten köcheln lassen oder bis der Grünkohl weich ist.

3. Zum Servieren die Suppe in Schälchen füllen und mit dem Basilikum- oder Rucolapesto toppen.

HÜHNERLARB

HAUSAUFGABEN: 15 Minuten kochen: 8 Minuten abkühlen: 20 Minuten ergeben: 4 Portionen

DIESE VERSION DES BELIEBTEN THAI-GERICHTSAUS STARK GEWÜRZTEM HACKFLEISCH UND GEMÜSE, SERVIERT AUF SALATBLÄTTERN, IST UNGLAUBLICH LEICHT UND WÜRZIG, OHNE DEN ZUSATZ VON ZUCKER, SALZ UND FISCHSAUCE (DIE SEHR VIEL NATRIUM ENTHÄLT), DIE TRADITIONELL AUF DER LISTE DER ZUTATEN STEHEN. MIT KNOBLAUCH, THAI-CHILIS, ZITRONENGRAS, LIMETTENSCHALE, LIMETTENSAFT, MINZE UND KORIANDER DÜRFEN DIESE NICHT FEHLEN.

1 Esslöffel raffiniertes Kokosöl

2 Pfund gemahlenes Hähnchen (95 % magere Brust oder gemahlen)

8 Unzen Pilze, fein gehackt

1 Tasse fein gehackte rote Zwiebel

1 bis 2 Thai Chilis, entkernt und fein gehackt (vgl Neigung)

2 Esslöffel gehackter Knoblauch

2 Esslöffel fein gehacktes Zitronengras*

¼ Teelöffel gemahlene Nelken

¼ Teelöffel schwarzer Pfeffer

1 Esslöffel fein abgeriebene Limettenschale

½ Tasse frischer Limettensaft

⅓ Tasse dicht gepackte frische Minzblätter, gehackt

⅓ Tasse dicht gepackter frischer Koriander, gehackt

Eisbergsalat 1 Kopf, in Blätter getrennt

1. In einer extragroßen Pfanne das Kokosöl bei mittlerer bis hoher Hitze erhitzen. Hackfleisch, Pilze, Zwiebel, Chili(s), Knoblauch, Zitronengras, Nelken und schwarzen Pfeffer hinzufügen. 8 bis 10 Minuten garen oder bis das Hähnchen durchgegart ist, dabei mit einem Holzlöffel

umrühren, um das Fleisch beim Garen aufzubrechen. Bei Bedarf abtropfen lassen. Übertragen Sie die Hühnermischung in eine extra große Schüssel. Etwa 20 Minuten abkühlen lassen oder bis es etwas wärmer als Raumtemperatur ist, gelegentlich umrühren.

2. Limettenschale, Limettensaft, Minze und Koriander zur Hähnchenmischung geben. Auf Salatblättern servieren.

* Tipp: Für die Zubereitung des Zitronengrases benötigen Sie ein scharfes Messer. Schneiden Sie den holzigen Stängel am unteren Ende des Stiels und die zähen grünen Blätter an der Spitze der Pflanze ab. Entfernen Sie die beiden harten Außenschichten. Sie sollten ein Stück Zitronengras haben, das etwa 6 Zoll lang und hellgelb ist. Schneiden Sie den Stiel horizontal in zwei Hälften und schneiden Sie dann jede Hälfte erneut in zwei Hälften. Schneiden Sie jedes Viertel des Stiels in sehr dünne Scheiben.

HÜHNCHEN-BURGER MIT SZECHUAN-CASHEW-SAUCE

HAUSAUFGABEN:30 Minuten kochen: 5 Minuten grillen: 14 Minuten ergibt: 4 Portionen

DURCH ERHITZEN HERGESTELLTES CHILIÖLOLIVENÖL MIT ZERSTOßENEM ROTEM PFEFFER KANN AUCH AUF ANDERE WEISE VERWENDET WERDEN. VERWENDEN SIE ES ZUM WÜRZEN VON FRISCHEM GEMÜSE ODER SCHWENKEN SIE ES VOR DEM GRILLEN MIT ETWAS CHILIÖL.

2 Esslöffel Olivenöl

¼ Teelöffel zerstoßener roter Pfeffer

2 Tassen rohe Cashewnüsse, geröstet (vgl Neigung)

¼ Tasse Olivenöl

½ Tasse geriebene Zucchini

¼ Tasse fein gehackter Schnittlauch

2 gehackte Knoblauchzehen

2 Teelöffel fein abgeriebene Zitronenschale

2 Teelöffel geriebener frischer Ingwer

1 Pfund gemahlene Hühner- oder Putenbrust

SZECHUAN-CASHEW-SAUCE

1 Esslöffel Olivenöl

2 Esslöffel fein gehackter Schnittlauch

1 Esslöffel geriebener frischer Ingwer

1 Teelöffel chinesisches Fünf-Gewürze-Pulver

1 Teelöffel frischer Zitronensaft

4 grüne Salatblätter oder Butterblätter

1. Für das Chiliöl Olivenöl und zerstoßene rote Paprika in einem kleinen Topf mischen. 5 Minuten bei schwacher Hitze erhitzen. Vom Herd nehmen; abkühlen lassen.

2. Für die Cashewbutter die Cashewkerne und 1 Esslöffel Olivenöl in einen Mixer geben. Abdecken und rühren, bis es cremig ist, anhalten, um die Seiten nach Bedarf abzukratzen, und zusätzliches Olivenöl hinzufügen, 1 Esslöffel auf einmal, bis alle ¼ Tasse verwendet wurde und die Butter sehr glatt ist; beiseite legen.

3. In einer großen Schüssel Zucchini, Frühlingszwiebeln, Knoblauch, Zitronenschale und 2 Teelöffel Ingwer mischen. Fügen Sie gemahlenes Huhn hinzu; gut umrühren. Aus der Hähnchenmischung vier halbzoll dicke Bratlinge formen.

4. Bei einem Holzkohle- oder Gasgrill legen Sie die Burger direkt bei mittlerer Hitze auf einen geölten Rost. Decken Sie es ab und grillen Sie es 14 bis 16 Minuten lang oder bis es durchgegart ist (165 °F). Wenden Sie es nach der Hälfte des Grillvorgangs einmal.

5. Währenddessen für die Sauce das Olivenöl in einem kleinen Topf bei mittlerer Hitze erhitzen. Fügen Sie den Schnittlauch und 1 Esslöffel Ingwer hinzu; 2 Minuten bei mittlerer Hitze kochen oder bis der Schnittlauch weich ist. Fügen Sie ½ Tasse Cashewbutter (restliche Cashewbutter bis zu einer Woche im Kühlschrank aufbewahren), Chiliöl, Zitronensaft und Fünf-Gewürze-Pulver hinzu. Weitere 2 Minuten kochen. Entfernen Sie es von der Hitze.

6. Empanadas auf Salatblättern servieren. Mit Sauce beträufeln.

TÜRKISCHE HÜHNCHEN-WRAPS

HAUSAUFGABEN:25 Minuten Ruhen: 15 Minuten Kochen: 8 Minuten Ausbeute: 4 bis 6 Portionen

„BAHARAT" BEDEUTET AUF ARABISCH EINFACH „GEWÜRZ".ALS ALLZWECKGEWÜRZ IN DER KÜCHE DES NAHEN OSTENS WIRD ES OFT ALS AUFSTRICH AUF FISCH, GEFLÜGEL UND FLEISCH VERWENDET ODER MIT OLIVENÖL GEMISCHT UND ALS GEMÜSEMARINADE VERWENDET. DIE KOMBINATION AUS SÜßEN UND SCHARFEN GEWÜRZEN WIE ZIMT, KREUZKÜMMEL, KORIANDER, NELKEN UND PAPRIKA MACHT ES BESONDERS AROMATISCH. DIE ZUGABE VON GETROCKNETER MINZE IST EIN TÜRKISCHER TOUCH.

- ⅓ Tasse getrocknete ungeschwefelte Aprikosen, gehackt
- ⅓ Tasse gehackte getrocknete Feigen
- 1 Esslöffel unraffiniertes Kokosöl
- 1½ Pfund gemahlene Hähnchenbrust
- 3 Tassen gehackter Lauch (nur weiße und hellgrüne Teile) (3)
- ⅔ einer mittelgrünen und/oder roten Paprika, in dünne Scheiben geschnitten
- 2 Esslöffel Gewürz (sRezept, unter)
- 2 gehackte Knoblauchzehen
- 1 Tasse entkernte Tomaten, gewürfelt (2 mittel)
- 1 Tasse entkernte Gurke, in Scheiben geschnitten (½ mittelgroß)
- ½ Tasse ungesalzene Pistazien, geschält und gehackt, geröstet (vglNeigung)
- ¼ Tasse gehackte frische Minze
- ¼ Tasse gehackte frische Petersilie
- 8 bis 12 große Blätter Butter- oder Bibb-Salat

1. Aprikosen und Feigen in eine kleine Schüssel geben. Fügen Sie ⅔ Tasse kochendes Wasser hinzu; 15 Minuten ruhen lassen. Abgießen, dabei ½ Tasse Flüssigkeit auffangen.

2. In der Zwischenzeit das Kokosöl in einer extragroßen Pfanne bei mittlerer Hitze erhitzen. Fügen Sie gemahlenes Huhn hinzu; 3 Minuten garen, dabei mit einem Holzlöffel umrühren, um das Fleisch beim Garen aufzubrechen. Lauch, Paprika, Gewürze und Knoblauch zugeben; Kochen und rühren Sie etwa 3 Minuten oder bis das Huhn gekocht und der Pfeffer weich ist. Aprikosen, Feigen, reservierte Flüssigkeit, Tomaten und Gurken hinzufügen. Kochen und rühren Sie etwa 2 Minuten lang oder bis die Tomaten und Gurken anfangen zu zerfallen. Pistazien, Minze und Petersilie hinzufügen.

3. Hähnchen und Gemüse auf Salatblättern servieren.

Gewürz: In einer kleinen Schüssel 2 Esslöffel süßer Paprika vermischen; 1 Esslöffel schwarzer Pfeffer; 2 Teelöffel getrocknete Minze, fein zerstoßen; 2 Teelöffel gemahlener Kreuzkümmel; 2 Teelöffel gemahlener Koriander; 2 Teelöffel gemahlenes Braun; 2 Teelöffel gemahlene Nelken; 1 Teelöffel gemahlene Muskatnuss; und 1 Teelöffel gemahlener Kardamom. In einem fest verschlossenen Behälter bei Raumtemperatur lagern. Ergibt etwa ½ Tasse.

SPANISCHE CORNISH-HÜHNER

HAUSAUFGABEN:10 Minuten Backen: 30 Minuten Braten: 6 Minuten Herstellung: 2 bis 3 Portionen

DIESES REZEPT KÖNNTE NICHT EINFACHER SEIN."UND DIE ERGEBNISSE SIND ABSOLUT ERSTAUNLICH." GROßE MENGEN GERÄUCHERTER PAPRIKA, KNOBLAUCH UND ZITRONE VERLEIHEN DIESEN WINZIGEN VÖGELN EINEN GROßARTIGEN GESCHMACK.

2 1½ Pfund Cornish Hens, aufgetaut, wenn gefroren

1 Esslöffel Olivenöl

6 Knoblauchzehen, gehackt

2 bis 3 Esslöffel geräucherter süßer Paprika

¼ bis ½ Teelöffel Cayennepfeffer (optional)

2 Zitronen, geviertelt

2 Esslöffel gehackte frische Petersilie (optional)

1. Ofen auf 375°F vorheizen. Schneiden Sie bei Wildhähnchenvierteln mit einer Küchenschere oder einem scharfen Messer an beiden Seiten des schmalen Rückgrats entlang. Öffnen Sie den Vogel mit dem Schmetterling und schneiden Sie das Huhn von der Brust her in zwei Hälften. Entfernen Sie die Hinterviertel, indem Sie die Haut und das Fleisch abschneiden, indem Sie die Oberschenkel von der Brust trennen. Lassen Sie die Flügel und die Brust intakt. Reiben Sie das Olivenöl über die kornischen Hühnerstücke. Mit gehacktem Knoblauch bestreuen.

2. Hähnchenteile mit der Hautseite nach oben in eine extragroße ofenfeste Pfanne legen. Mit geräuchertem Paprika und Cayennepfeffer bestreuen. Die

Zitronenviertel über dem Huhn auspressen; Zitronenviertel in die Pfanne geben. Drehen Sie die Hähnchenteile mit der Hautseite nach unten in die Pfanne. Abdecken und 30 Minuten backen. Pfanne aus dem Ofen nehmen.

3. Grill vorheizen. Drehen Sie die Stücke mit einer Zange um. Richten Sie den Ofenrost aus. Grillen Sie 4 bis 5 Zoll von der Hitze für 6 bis 8 Minuten, bis die Haut gebräunt und das Huhn fertig ist (175 ° F). Mit Pfannensaft beträufeln. Nach Belieben mit Petersilie bestreuen.

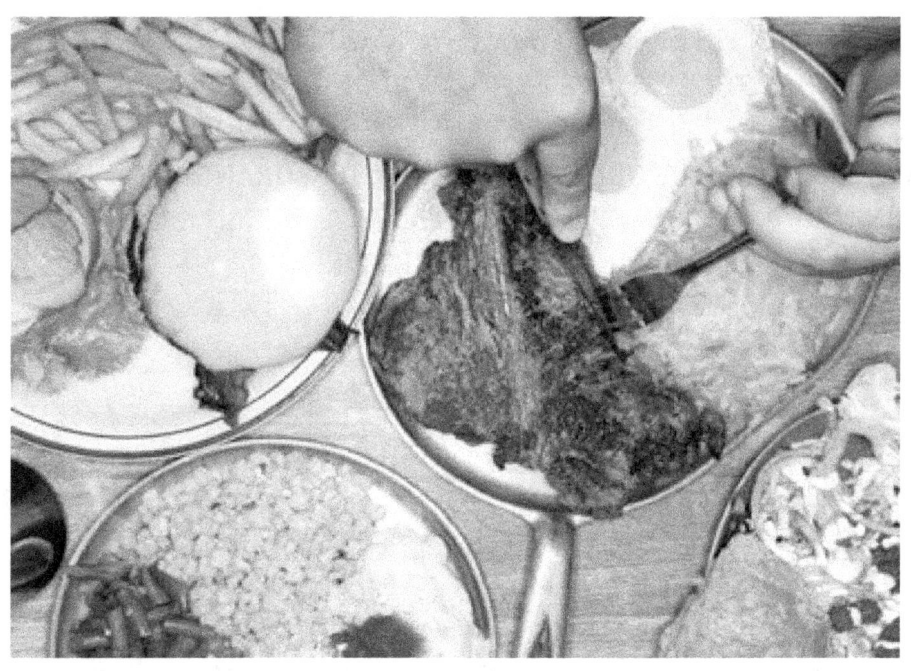

ENTENBRUST MIT GRANADA UND JICAMA SALAT

HAUSAUFGABEN: 15 Minuten kochen: 15 Minuten ergeben: 4 Portionen

SCHNEIDEN SIE EIN RAUTENMUSTER AUFDAS FETT AUS DER ENTENBRUST LÄSST DAS FETT ABTROPFEN, WÄHREND DIE MIT GARAM MASALA GEWÜRZTE BRUST GEGART WIRD. DAS FETT WIRD MIT JICAMA, GRANATAPFELKERNEN, ORANGENSAFT UND RINDERBRÜHE KOMBINIERT UND MIT WÜRZIGEN KRÄUTERN GEMISCHT, UM SIE EIN WENIG ZU VERWELKEN.

4 Muscovy-Entenbrüste ohne Knochen (insgesamt etwa 1½ bis 2 Pfund)
1 Esslöffel Garam Masala
1 Esslöffel unraffiniertes Kokosöl
2 Tassen geschälte und gewürfelte Jicama
½ Tasse Granatapfelkerne
¼ Tasse frischer Orangensaft
¼ Tasse Rinderknochenbrühe (vgl<u>Rezept</u>) oder Rinderbrühe ohne Salzzusatz
3 Tassen Brunnenkresse, ohne Stiele
3 Tassen geschnittene Frisée und/oder dünn geschnittene belgische Endivie

1. Machen Sie mit einem scharfen Messer im Abstand von 2,5 cm flache, rautenförmige Schnitte in das Fett der Entenbrust. Beide Seiten der Brusthälften mit dem Garam Masala bestreuen. Eine extragroße Pfanne bei mittlerer Hitze erhitzen. Das Kokosöl im heißen Rührwasser schmelzen. Legen Sie die Brusthälften mit der Hautseite nach unten in die Pfanne. 8 Minuten mit der Hautseite nach unten garen, dabei darauf achten, dass sie nicht zu schnell braun werden (ggf. Hitze reduzieren). Drehen Sie die Entenbrüste um; kochen Sie weitere 5 bis 6 Minuten oder bis ein sofort ablesbares Thermometer, das in die

Brusthälften eingeführt wird, 145 ° F für Medium anzeigt. Entfernen Sie die Brusthälften und bewahren Sie das Fett in der Pfanne auf; Zum Warmhalten mit Alufolie abdecken.

2. Für das Dressing Jicama in einer Pfanne zum Fett geben; kochen und 2 Minuten bei mittlerer Hitze rühren. Granatapfelkerne, Orangensaft und Rinderknochenbrühe in die Pfanne geben. Lassen Sie es kochen; sofort vom Herd nehmen.

3. Für den Salat Brunnenkresse und Frisée in einer großen Schüssel mischen. Das heiße Dressing über das Gemüse gießen; zum Überziehen werfen.

4. Den Salat auf vier Teller verteilen. Die Entenbrust in dünne Stücke schneiden und zu den Salaten geben.

GEBRATENER TRUTHAHN MIT KNOBLAUCHWURZELPÜREE

HAUSAUFGABEN:Bratzeit: 2 Stunden 45 Minuten Ruhezeit: 15 Minuten Ausbeute: 12 bis 14 Portionen

SUCHEN SIE NACH TRUTHÄHNEN, DIE ER HATWURDE KEINE KOCHSALZLÖSUNG INJIZIERT. WENN AUF DEM ETIKETT „ANGEREICHERT" ODER „SELBSTSPRAY" STEHT, IST ES WAHRSCHEINLICH VOLLER NATRIUM UND ANDERER ZUSATZSTOFFE.

- 1 Truthahn, 12 bis 14 Pfund
- 2 Esslöffel Mittelmeergewürz (vglRezept)
- ¼ Tasse Olivenöl
- 3 Pfund mittelgroße Karotten, geschält, getrimmt und der Länge nach halbiert oder geviertelt
- 1 Rezept für pürierte Wurzeln mit Knoblauch (vglRezept, unter)

1. Backofen auf 425 °F vorheizen. Hals und Innereien vom Truthahn entfernen; auf Wunsch für andere Zwecke reservieren. Lösen Sie vorsichtig die Haut am Rand der Brust. Führen Sie Ihre Finger unter die Haut, um eine Tasche auf der oberen Brust und auf den Unterschenkeln zu bilden. Gießen Sie 1 Esslöffel Mittelmeergewürz unter die Haut; Verwenden Sie Ihre Finger, um es gleichmäßig über die Brust und die Trommelstöcke zu verteilen. Ziehen Sie die Halshaut zurück; mit einem Spieß befestigen. Stecken Sie die Enden der Unterkeulen unter das Lederband entlang des Schwanzes. Wenn kein Hautstreifen vorhanden ist, binden Sie die Keulen mit Küchengarn aus 100 % Baumwolle fest an den Schwanz. Drehen Sie die Flügelspitzen unter den Rücken.

2. Legen Sie den Truthahn mit der Brustseite nach oben auf einen Rost in einer zu flachen Bratpfanne. Truthahn mit 2 EL Öl bepinseln. Den Truthahn mit den restlichen mediterranen Gewürzen bestreuen. Führen Sie ein Fleischthermometer in die Mitte eines inneren Oberschenkelmuskels ein; Das Thermometer sollte den Knochen nicht berühren. Den Truthahn locker mit Alufolie abdecken.

3. 30 Minuten grillen. Reduzieren Sie die Ofentemperatur auf 325 ° F. Braten Sie anderthalb Stunden lang. Kombinieren Sie in einer extra großen Schüssel die Karotten und die restlichen 2 Esslöffel Öl; zum Überziehen werfen. Karotten in einer großen umrandeten Auflaufform verteilen. Entfernen Sie die Folie vom Truthahn und schneiden Sie einen Streifen Haut oder Schnur zwischen die Keulen. Karotten und Truthahn weitere 45 Minuten bis 1¼ Stunden braten oder bis das Thermometer 175 °F anzeigt.

4. Truthahn aus dem Ofen nehmen. Hülse; Lassen Sie es 15 bis 20 Minuten ruhen, bevor Sie es in Scheiben schneiden. Truthahn mit Karotten und Knoblauchwurzelpüree servieren.

Knoblauchwurzelpüree: Schneiden und schälen Sie 3 bis 3½ Pfund Steckrüben und 1½ bis 2 Pfund Selleriewurzel; in 2-Zoll-Stücke schneiden. In einem 6-Liter-Topf die Steckrüben und die Selleriewurzel in ausreichend kochendem Wasser kochen, um sie 25 bis 30 Minuten lang zu bedecken oder bis sie sehr weich sind. In der Zwischenzeit in einem kleinen Topf 3 Esslöffel extra natives Öl und 6 bis 8 gehackte Knoblauchzehen mischen.

Bei schwacher Hitze 5 bis 10 Minuten kochen oder bis der Knoblauch sehr duftet, aber nicht braun ist. Fügen Sie vorsichtig ¾ Tasse Hühnerknochenbrühe hinzu (siehe[Rezept](Rezept)) oder ungesalzene Hühnerbrühe. Lassen Sie es kochen; Entfernen Sie es von der Hitze. Das Gemüse abtropfen lassen und zurück in den Topf geben. Das Gemüse mit einem Kartoffelstampfer zerdrücken oder mit einem elektrischen Mixer bei schwacher Hitze schlagen. Fügen Sie ½ Teelöffel schwarzen Pfeffer hinzu. Die Brühe nach und nach pürieren oder unterrühren, bis das Gemüse vermischt und fast glatt ist. Fügen Sie bei Bedarf eine zusätzliche ¼ Tasse Hühnerknochenbrühe hinzu, um die gewünschte Konsistenz zu erreichen.

GEFÜLLTE PUTENBRUST MIT PESTO-SAUCE UND RUCOLASALAT

HAUSAUFGABEN:30 Minuten Braten: 1 Stunde 30 Minuten Ruhen: 20 Minuten
Ergiebigkeit: 6 Portionen

DIES IST FÜR DIE LIEBHABER VON WEIßEM FLEISCH.DORT EINE KNUSPRIG GEBACKENE PUTENBRUST GEFÜLLT MIT SONNENGETROCKNETEN TOMATEN, BASILIKUM UND MEDITERRANEN KRÄUTERN. RESTE MACHEN EIN TOLLES ESSEN.

- 1 Tasse sonnengetrocknete Tomaten ohne Schwefel (nicht in Öl verpackt)
- 1 4 Pfund halbe Putenbrust ohne Knochen mit Haut
- 3 Teelöffel mediterrane Gewürze (vglRezept)
- 1 Tasse lose verpackte frische Basilikumblätter
- 1 Esslöffel Olivenöl
- 8 Unzen Baby-Rucola
- 3 große Tomaten, halbiert und gewürfelt
- ¼ Tasse Olivenöl
- 2 Esslöffel Rotweinessig
- Schwarzer Pfeffer
- 1½ Tassen Basilikumpesto (vglRezept)

1. Heizen Sie den Ofen auf 375 ° F. Gießen Sie in einer kleinen Schüssel genug kochendes Wasser über die sonnengetrockneten Tomaten, um sie zu bedecken. Lassen Sie es für 5 Minuten sitzen; abtropfen lassen und fein hacken.

2. Legen Sie die Putenbrust mit der Hautseite nach unten auf ein großes Stück Frischhaltefolie. Lege ein weiteres Blatt Frischhaltefolie über den Truthahn. Schlagen Sie mit der flachen Seite eines Fleischhammers vorsichtig auf die

Brust, bis sie eine gleichmäßige Dicke hat, etwa ¾ Zoll dick. Entsorgen Sie die Plastikfolie. Streuen Sie 1½ Teelöffel mediterrane Gewürze über das Fleisch. Mit Tomaten und Basilikumblättern garnieren. Die Putenbrust vorsichtig aufrollen, dabei die Haut außen lassen. Binden Sie den Braten mit Küchengarn aus 100 % Baumwolle an vier bis sechs Stellen zusammen, um ihn zu befestigen. Mit 1 EL Olivenöl bepinseln. Den Braten mit den restlichen 1½ Teelöffeln Mittelmeergewürz bestreuen.

3. Legen Sie den Braten mit der Hautseite nach oben auf einen Rost in einer flachen Pfanne. Unbedeckt anderthalb Stunden braten oder bis ein in der Nähe der Mitte eingesetztes sofort ablesbares Thermometer 165 ° F anzeigt und die Haut goldbraun und knusprig ist. Truthahn aus dem Ofen nehmen. Mit Alufolie locker abdecken; vor dem Anschneiden 20 Minuten ruhen lassen.

4. Für den Rucolasalat in einer großen Schüssel Rucola, Tomaten, ¼ Tasse Olivenöl, Essig und Pfeffer nach Geschmack mischen. Entfernen Sie die Schnur vom Grill. Den Truthahn in dünne Scheiben schneiden. Mit Rucolasalat und Basilikumpesto servieren.

GEWÜRZTE PUTENBRUST MIT CHERRY BBQ SAUCE

HAUSAUFGABEN:15 Minuten Braten: 1 Stunde 15 Minuten Ruhen: 45 Minuten
Ergiebigkeit: 6 bis 8 Portionen

DIES IST EIN GUTES REZEPT FÜRBEDIENEN SIE EINE MENSCHENMENGE BEI EINEM GARTENGRILL, WENN SIE MEHR ALS NUR BURGER ZUBEREITEN MÖCHTEN. MIT EINEM KNACKIGEN SALAT SERVIEREN, WIE ZUM BEISPIEL EINEM KNACKIGEN BROKKOLISALAT (VGLREZEPT) ODER EIN SALAT AUS GESCHÄLTEM ROSENKOHL (VGLREZEPT).

Ganze Putenbrust mit Knochen, 4 bis 5 Pfund

3 Löffel geräuchertes Gewürz (sieheRezept)

2 Esslöffel frischer Zitronensaft

3 Esslöffel Olivenöl

1 Tasse trockener Weißwein, wie Sauvignon Blanc

1 Tasse frische oder gefrorene entsteinte und gehackte Bing-Kirschen

⅓ Tasse Wasser

1 Tasse BBQ-Sauce (vglRezept)

1. Die Putenbrust 30 Minuten bei Zimmertemperatur ruhen lassen. Ofen auf 325°F vorheizen. Legen Sie die Putenbrust mit der Hautseite nach oben auf einen Bratenrost.

2. In einer kleinen Schüssel die geräucherten Gewürze, den Zitronensaft und das Olivenöl zu einer Paste vermischen. Entfernen Sie die Haut vom Fleisch; Die Hälfte der Paste vorsichtig unter der Haut auf dem Fleisch verteilen. Verteilen Sie die restliche Paste gleichmäßig auf der Haut. Gießen Sie den Wein auf den Boden der Bratpfanne.

3. Braten Sie 1¼ bis 1½ Stunden oder bis die Haut goldbraun ist und ein sofort ablesbares Thermometer in der Mitte des Bratens (ohne den Knochen zu berühren) 170°F anzeigt, wobei die Bratpfanne nach der Hälfte der Garzeit gedreht wird. Vor dem Schneiden 15 bis 30 Minuten ruhen lassen.

4. In der Zwischenzeit für die Kirsch-BBQ-Sauce in einem mittelgroßen Topf die Kirschen und das Wasser mischen. Lassen Sie es kochen; die Hitze reduzieren. Ohne Deckel 5 Minuten köcheln lassen. BBQ-Sauce einrühren; 5 Minuten köcheln lassen. Warm oder bei Zimmertemperatur mit dem Truthahn servieren.

WEIN GEKOCHTES PUTENFILET

HAUSAUFGABEN:30 Minuten kochen: 35 Minuten ergeben: 4 Portionen

DEN TRUTHAHN IN DER PFANNE GARENIN EINER KOMBINATION AUS WEIN, GEWÜRFELTEN ROMA-TOMATEN, HÜHNERBRÜHE, FRISCHEN KRÄUTERN UND ZERDRÜCKTER ROTER PAPRIKA VERLEIHT IHM EINEN GROßARTIGEN GESCHMACK. SERVIEREN SIE DIESES EINTOPFÄHNLICHE GERICHT IN FLACHEN SCHÜSSELN MIT GROßEN LÖFFELN, UM MIT JEDEM BISSEN ETWAS VON DER WÜRZIGEN BRÜHE ZU SCHÖPFEN.

2 8- bis 12-Unzen-Putenfilets, in 1-Zoll-Stücke geschnitten

2 Esslöffel ungesalzenes Geflügelgewürz

2 Esslöffel Olivenöl

6 Knoblauchzehen, gehackt (1 Esslöffel)

1 Tasse gehackte Zwiebel

½ Tasse gehackter Sellerie

6 Roma-Tomaten, entkernt und gehackt (ca. 3 Tassen)

½ Tasse trockener Weißwein, wie Sauvignon Blanc

½ Tasse Hühnerknochenbrühe (vgl Rezept) oder ungesalzene Hühnerbrühe

½ Teelöffel fein gehackter frischer Rosmarin

¼ bis ½ Teelöffel zerstoßener roter Pfeffer

½ Tasse gehackte frische Basilikumblätter

½ Tasse frische Petersilie in Streifen geschnitten

1. In einer großen Schüssel Putenstücke mit Geflügelgewürz mischen, um sie zu bestreichen. In einer extragroßen beschichteten Pfanne 1 Esslöffel Olivenöl bei mittlerer Hitze erhitzen. Putenbraten portionsweise in heißem Öl anbraten, bis er von allen Seiten gebräunt ist. (Der Truthahn muss nicht gut gekocht sein.) Auf einen Teller geben und warm halten.

2. Den restlichen 1 Esslöffel Olivenöl in die Pfanne geben. Erhöhen Sie die Hitze auf mittelhoch. Fügen Sie den Knoblauch hinzu; 1 Minute kochen und umrühren. Zwiebel und Sellerie hinzufügen; 5 Minuten kochen und umrühren. Fügen Sie Truthahn und Brühe, Tomaten, Wein, Hühnerknochenbrühe, Rosmarin und zerstoßene rote Paprika hinzu. Hitze auf mittel-niedrig reduzieren. Abdecken und 20 Minuten garen, gelegentlich umrühren. Basilikum und Petersilie zugeben. Aufdecken und weitere 5 Minuten kochen oder bis der Truthahn nicht mehr rosa ist.

ZERKLEINERTE PUTENBRUST MIT SCHNITTLAUCHSAUCE UND GARNELEN

HAUSAUFGABEN:30 Minuten kochen: 15 Minuten ergeben: 4 PortionenFOTO

DAS PUTENFILET HALBIERENMÖGLICHST WAAGERECHT, DRÜCKEN SIE MIT DER HANDFLÄCHE LEICHT AUF JEDEN EINZELNEN UND ÜBEN SIE KONSTANTEN DRUCK AUS, WÄHREND SIE DAS FLEISCH SCHNEIDEN.

¼ Tasse Olivenöl

2 8- bis 12-Unzen-Putenfilets, horizontal halbiert

¼ Teelöffel frisch gemahlener schwarzer Pfeffer

3 Esslöffel Olivenöl

4 Knoblauchzehen, gehackt

8 Unzen mittelgroße Garnelen, geschält und entdarmt, Schwanz entfernt und der Länge nach halbiert

¼ Tasse trockener Weißwein, Hühnerknochenbrühe (vglRezept) oder Hühnerbrühe ohne Salz

2 Esslöffel gehackter frischer Schnittlauch

½ Teelöffel fein abgeriebene Zitronenschale

1 Esslöffel frischer Zitronensaft

Kürbis- und Tomatennudeln (vglRezept, unten) (optional)

1. In einer extra großen Pfanne 1 Esslöffel Olivenöl bei mittlerer bis hoher Hitze erhitzen. Fügen Sie Truthahn Bratpfanne hinzu; mit Pfeffer bestreuen. Hitze auf mittel reduzieren. Kochen Sie 12 bis 15 Minuten oder bis sie nicht mehr rosa sind und der Saft klar abläuft (165 °F). Wenden Sie sie nach der Hälfte des Garvorgangs einmal. Die Putenfilets aus der Pfanne nehmen. Zum Warmhalten mit Alufolie abdecken.

2. Für die Sauce in derselben Pfanne 3 Esslöffel Öl bei mittlerer Hitze erhitzen. Fügen Sie den Knoblauch hinzu; 30 Sekunden kochen. Garnelen hinzufügen; 1 Minute kochen und umrühren. Fügen Sie Wein, Schnittlauch und Zitronenschale hinzu; Kochen und rühren Sie eine weitere Minute oder bis die Garnelen undurchsichtig sind. Vom Herd nehmen; Zitronensaft hinzufügen. Zum Servieren die Sauce über die Putenfilets gießen. Nach Belieben mit Kürbis- und Tomatennudeln servieren.

Kürbis- und Tomatennudeln: Schneiden Sie mit einem Mandolinen- oder Julienne-Schäler 2 gelbe Sommerkürbisse in Julienne-Streifen. In einer großen Pfanne 1 Esslöffel natives Olivenöl extra bei mittlerer bis hoher Hitze erhitzen. Steckdosenleisten hinzufügen; 2 Minuten kochen. Fügen Sie geviertelte Traubentomaten und ¼ Teelöffel frisch gemahlenen schwarzen Pfeffer hinzu; 2 weitere Minuten kochen oder bis der Kürbis knusprig-zart ist.

GESCHMORTER TRUTHAHN MIT WURZELGEMÜSE

HAUSAUFGABEN: 30 Minuten kochen: 1 Stunde 45 Minuten Ausbeute: 4 Portionen

DIES IST EINES DIESER GERICHTEMUSS AN EINEM KÜHLEN HERBSTABEND SEIN, WENN SIE ZEIT FÜR EINEN SPAZIERGANG HABEN, WÄHREND SIE IM OFEN KÖCHELN. WEM BEWEGUNG NICHT GERADE APPETIT MACHT, DEM WIRD ES BESTIMMT DER HERRLICHE DUFT BEIM BETRETEN NACH HAUSE TUN.

3 Esslöffel Olivenöl

4 Putenkeulen, 20 bis 24 Unzen

½ Teelöffel frisch gemahlener schwarzer Pfeffer

6 Knoblauchzehen, geschält und zerdrückt

1½ Teelöffel Fenchelsamen, gequetscht

1 Teelöffel ganzer Piment, zerdrückt*

1½ Tassen Hühnerknochenbrühe (vgl Rezept) oder ungesalzene Hühnerbrühe

2 Zweige frischer Rosmarin

2 Zweige frischer Thymian

1 Lorbeerblatt

2 große Zwiebeln, geschält und in je 8 Keile geschnitten

6 große Karotten, geschält und in 1-Zoll-Scheiben geschnitten

2 große Rüben, geschält und in 1-Zoll-Würfel geschnitten

2 mittelgroße Pastinaken, geschält und in 2,5 cm dicke Scheiben geschnitten**

1 Selleriewurzel, geschält und in 1-Zoll-Stücke geschnitten

1. Den Ofen auf 350 ° F vorheizen. In einer großen Pfanne das Olivenöl bei mittlerer bis hoher Hitze erhitzen, bis es schimmert. Fügen Sie 2 der Putenkeulen hinzu. Etwa 8 Minuten backen oder bis die Keulen von allen Seiten goldbraun und knusprig sind und erneut gleichmäßig bräunen. Übertragen Sie die Putenkeulen auf einen Teller;

Wiederholen Sie mit den restlichen 2 Truthahnbeinen. Beiseite legen.

2. Cayennepfeffer, Knoblauch, Fenchelsamen und Pimentsamen in die Pfanne geben. Kochen und rühren Sie bei mittlerer Hitze für 1 bis 2 Minuten oder bis es duftet. Hühnerknochenbrühe, Rosmarin, Thymian und Lorbeerblätter hinzugeben. Zum Kochen bringen und umrühren, um alle braunen Stücke vom Boden der Pfanne abzukratzen. Die Pfanne vom Herd nehmen und aufbewahren.

3. In einem extra großen Feuertopf mit dicht schließendem Deckel Zwiebeln, Karotten, Rüben, Pastinaken und Selleriewurzeln mischen. Flüssigkeit aus der Pfanne hinzufügen; zum Überziehen werfen. Die Putenkeulen in die Gemüsemischung drücken. Mit einem Deckel abdecken.

4. Etwa eine Stunde und 45 Minuten backen oder bis das Gemüse weich und der Truthahn gar ist. Servieren Sie die Putenkeulen und das Gemüse in großen, flachen Schüsseln. Bratensaft darüber träufeln.

* Tipp: Um die Gewürze und Fenchelsamen zu zerkleinern, legen Sie die Samen auf ein Schneidebrett. Drücken Sie mit der flachen Seite eines Kochmessers nach unten, um die Samen leicht zu zerdrücken.

**Tipp: Große Stücke von den Spitzen der Pastinaken würfeln.

PUTENGEMÜSE MIT KARAMELLISIERTEM ZWIEBELKETCHUP UND GERÖSTETEM KOHLKETCHUP

HAUSAUFGABEN:15 Minuten Kochen: 30 Minuten Backen: 1 Stunde 10 Minuten Ruhezeit: 5 Minuten Ergibt: 4 Portionen

DER KLASSISCHE HACKBRATEN MIT KETCHUP IST ES AUF JEDEN FALLAUF DEM PALEO-MENÜ, WENN KETCHUP (SIEHEREZEPT) IST FREI VON ZUGESETZTEM SALZ UND ZUCKER. HIER WIRD DIE TOMATENSAUCE MIT DEN KARAMELLISIERTEN ZWIEBELN VERMISCHT, DIE VOR DEM BACKEN AUF DEN HACKBRATEN GESTAPELT WERDEN.

- 1½ Pfund gemahlener Truthahn
- 2 Eier, leicht geschlagen
- ½ Tasse Mandelmehl
- ⅓ Tasse gehackte frische Petersilie
- ¼ Tasse dünn geschnittene Frühlingszwiebel (2)
- 1 Esslöffel gehackter frischer Salbei oder 1 Teelöffel getrockneter Salbei, zerdrückt
- 1 Esslöffel gehackter frischer Thymian oder 1 Teelöffel getrockneter Thymian, zerdrückt
- ¼ Teelöffel schwarzer Pfeffer
- 2 Esslöffel Olivenöl
- 2 süße Zwiebeln, halbiert und in dünne Scheiben geschnitten
- 1 Tasse Paleo Ketchup (vglRezept)
- 1 kleiner Kopfkohl, halbiert, entkernt und in 8 Spalten geschnitten
- ½ bis 1 Teelöffel zerstoßener roter Pfeffer

1. Ofen auf 350° F vorheizen. Eine große Auflaufform mit Pergamentpapier auslegen; beiseite legen. Kombinieren Sie in einer großen Schüssel Putenhackfleisch, Eier,

Mandelmehl, Petersilie, Schnittlauch, Salbei, Thymian und schwarzen Pfeffer. Formen Sie auf dem vorbereiteten Backblech die Putenmischung zu einem 8 x 4 Zoll großen Laib. 30 Minuten backen.

2. In der Zwischenzeit für das karamellisierte Zwiebelketchup in einer großen Pfanne 1 Esslöffel Olivenöl bei mittlerer Hitze erhitzen. Fügen Sie die Zwiebeln hinzu; Kochen Sie etwa 5 Minuten oder bis die Zwiebeln anfangen zu bräunen, wobei Sie häufig umrühren. Reduzieren Sie die Hitze auf mittel-niedrig; Kochen Sie etwa 25 Minuten oder bis sie goldbraun und sehr weich sind, gelegentlich umrühren. Vom Herd nehmen; fügen Sie Paleo-Ketchup hinzu.

3. Etwas von dem karamellisierten Zwiebelketchup über das Truthahnbrötchen geben. Die Kohlscheiben um den Laib herum anrichten. Den Kohl mit dem restlichen Löffel Olivenöl salben; zerdrückten roten Pfeffer darüberstreuen. Etwa 40 Minuten backen oder bis ein in die Mitte des Laibs eingesetztes, sofort ablesbares Thermometer 165 °F anzeigt, mit zusätzlichem karamellisiertem Zwiebelketchup belegen und die Kohlscheiben nach 20 Minuten wenden. Lassen Sie das Truthahnbrötchen vor dem Aufschneiden 5 bis 10 Minuten ruhen.

4. Das Putenbrötchen mit den Kohlscheiben und dem restlichen karamellisierten Zwiebelketchup servieren.

TRUTHAHN-POSOLE

HAUSAUFGABEN:20 Minuten zum Braten: 8 Minuten zum Kochen: 16 Minuten zum Zubereiten: 4 Portionen

DIE ZUTATEN DIESER SCHARFEN SUPPE NACH MEXIKANISCHER ARTSIE SIND MEHR ALS GARNITUREN. KORIANDER VERLEIHT EINEN UNVERWECHSELBAREN GESCHMACK, AVOCADO BRINGT CREMIGKEIT UND GERÖSTETE PEPITAS SORGEN FÜR EINEN KÖSTLICHEN CRUNCH.

8 frische Tomatillos

1¼ bis 1½ Pfund Putenhackfleisch

1 rote Paprika, entkernt und in dünne mundgerechte Streifen geschnitten

½ Tasse gehackte Zwiebel (1 mittelgroß)

6 Knoblauchzehen, gehackt (1 Esslöffel)

1 Esslöffel mexikanisches Gewürz (sieheRezept)

2 Tassen Hühnerknochenbrühe (vglRezept) oder ungesalzene Hühnerbrühe

1 14,5-Unzen-Dose feuergeröstete Tomaten ohne Salzzusatz, nicht abgetropft

1 Jalapeño- oder Serrano-Chili, entkernt und gehackt (vglNeigung)

1 mittelgroße Avocado, halbiert, geschält, entkernt und in dünne Scheiben geschnitten

¼ Tasse ungesalzene Pepitas, geröstet (vglNeigung)

¼ Tasse gehackter frischer Koriander

Zitronenscheiben

1. Grill vorheizen. Die Haut von den Tomatillos entfernen und entsorgen. Tomatillos waschen und halbieren. Legen Sie die Tomatillo-Hälften auf den unbeheizten Grillrost. Grillen Sie 4 bis 5 Zoll von der Hitze 8 bis 10 Minuten oder bis sie leicht verkohlt sind, und drehen Sie sie nach der Hälfte des Grillens einmal um. In einer Pfanne auf einem Kuchengitter etwas abkühlen lassen.

2. In der Zwischenzeit in einer großen Pfanne Truthahn, Paprika und Zwiebel bei mittlerer Hitze 5 bis 10 Minuten kochen oder bis der Truthahn goldbraun und das Gemüse zart ist, mit einem Holzlöffel umrühren, um die Mischung aufzubrechen. Kochen Bei Bedarf das Fett abgießen. Fügen Sie den Knoblauch und die mexikanischen Gewürze hinzu. Eine weitere Minute kochen und umrühren.

3. Mischen Sie in einem Mixer etwa zwei Drittel der verkohlten Tomatillos und 1 Tasse der Hühnerknochenbrühe. Abdecken und glatt rühren. Fügen Sie Truthahnmischung in Bratpfanne hinzu. Fügen Sie die restlichen 1 Tasse Hühnerknochenbrühe, nicht abgetropfte Tomaten und Chili hinzu. Restliche Tomatillos grob hacken; zur Putenmischung geben. Lassen Sie es kochen; die Hitze reduzieren. Zugedeckt 10 Minuten köcheln lassen.

4. Zum Servieren die Suppe in flache Schalen schöpfen. Mit Avocado, Pepitas und Koriander toppen. Limettenspalten zum Auspressen über die Suppe geben.

HÜHNERKNOCHENBRÜHE

HAUSAUFGABEN: 15 Minuten Braten: 30 Minuten Kochen: 4 Stunden Kühlen: Über Nacht
Ergibt: Etwa 10 Tassen

FÜR DEN BESTEN FRISCHEN UND HÖHEREN GESCHMACKNÄHRSTOFFGEHALT: VERWENDEN SIE IN IHREN REZEPTEN HAUSGEMACHTE HÜHNERBRÜHE. (ES ENTHÄLT AUCH KEIN SALZ, KONSERVIERUNGSMITTEL ODER ZUSATZSTOFFE). DAS RÖSTEN DER KNOCHEN VOR DEM KOCHEN VERBESSERT DEN GESCHMACK. DA SIE LANGSAM IN FLÜSSIGKEIT GEKOCHT WERDEN, REICHERN DIE KNOCHEN DIE BRÜHE MIT MINERALIEN WIE KALZIUM, PHOSPHOR, MAGNESIUM UND KALIUM AN. DIE FOLGENDE SCHONGARER-VARIANTE MACHT ES BESONDERS EINFACH ZUZUBEREITEN. FRIEREN SIE IN BEHÄLTERN FÜR 2 TASSEN UND 4 TASSEN EIN UND TAUEN SIE NUR DAS AUF, WAS SIE BRAUCHEN.

- 2 Pfund Hähnchenflügel und Filet
- 4 Karotten gehackt
- 2 große Lauchstangen, nur weiße und hellgrüne Teile, in dünne Scheiben geschnitten
- 2 Stangen Sellerie mit Blättern, grob gehackt
- 1 Pastinake, grob gehackt
- 6 große Zweige italienische Petersilie (flaches Blatt)
- 6 Zweige frischer Thymian
- 4 Knoblauchzehen, halbiert
- 2 Teelöffel ganzer schwarzer Pfeffer
- 2 ganze Nelken
- Kaltes Wasser

1. Heizen Sie den Ofen auf 425 °F vor. Legen Sie die Hähnchenflügel und das Filet auf ein großes Backblech; 30 bis 35 Minuten grillen oder bis sie gut gebräunt sind.

2. Übertragen Sie die gebräunten Hähnchenstücke und gebräunten Stücke, die sich auf dem Backblech angesammelt haben, in einen großen Topf. Karotten, Lauch, Sellerie, Pastinaken, Petersilie, Thymian, Knoblauch, Pfeffer und Nelken zugeben. Geben Sie ausreichend kaltes Wasser (ca. 12 Tassen) in einen großen Topf, um das Huhn und das Gemüse zu bedecken. Bei mittlerer Hitze zum Köcheln bringen; Stellen Sie die Hitze so ein, dass die Brühe sehr langsam köchelt, wobei die Blasen kaum die Oberfläche durchbrechen. Zugedeckt bei schwacher Hitze 4 Stunden garen.

3. Filtern Sie die heiße Brühe durch ein großes Sieb, das mit zwei Lagen feuchtem Käsetuch aus 100 % Baumwolle ausgelegt ist. Entsorgen Sie die Feststoffe. Die Brühe abdecken und über Nacht kühl stellen. Vor Gebrauch die Fettschicht von der Brühe abschöpfen und wegwerfen.

Tipp: Um die Brühe zu verdünnen (optional), mischen Sie in einer kleinen Schüssel 1 Eiweiß, 1 zerdrückte Eierschale und ¼ Tasse kaltes Wasser. Rühren Sie die Mischung in die passierte Brühe in einem Topf. Nochmals zum Kochen bringen. Vom Herd nehmen; 5 Minuten ruhen lassen. Gießen Sie die heiße Brühe durch ein Sieb, das mit einer frischen doppelten Lage Käsetuch aus 100 % Baumwolle ausgelegt ist. Vor Gebrauch abkühlen und Fett abschneiden.

Anweisungen für den Slow Cooker: Bereiten Sie die Zutaten gemäß den Anweisungen vor, außer in Schritt 2, und geben Sie die Zutaten in einen 5-6-Liter-Slow Cooker. Abdecken und bei schwacher Hitze 12 bis 14 Stunden garen. Fahren Sie wie in Schritt 3 beschrieben fort. Ergibt etwa 10 Tassen.

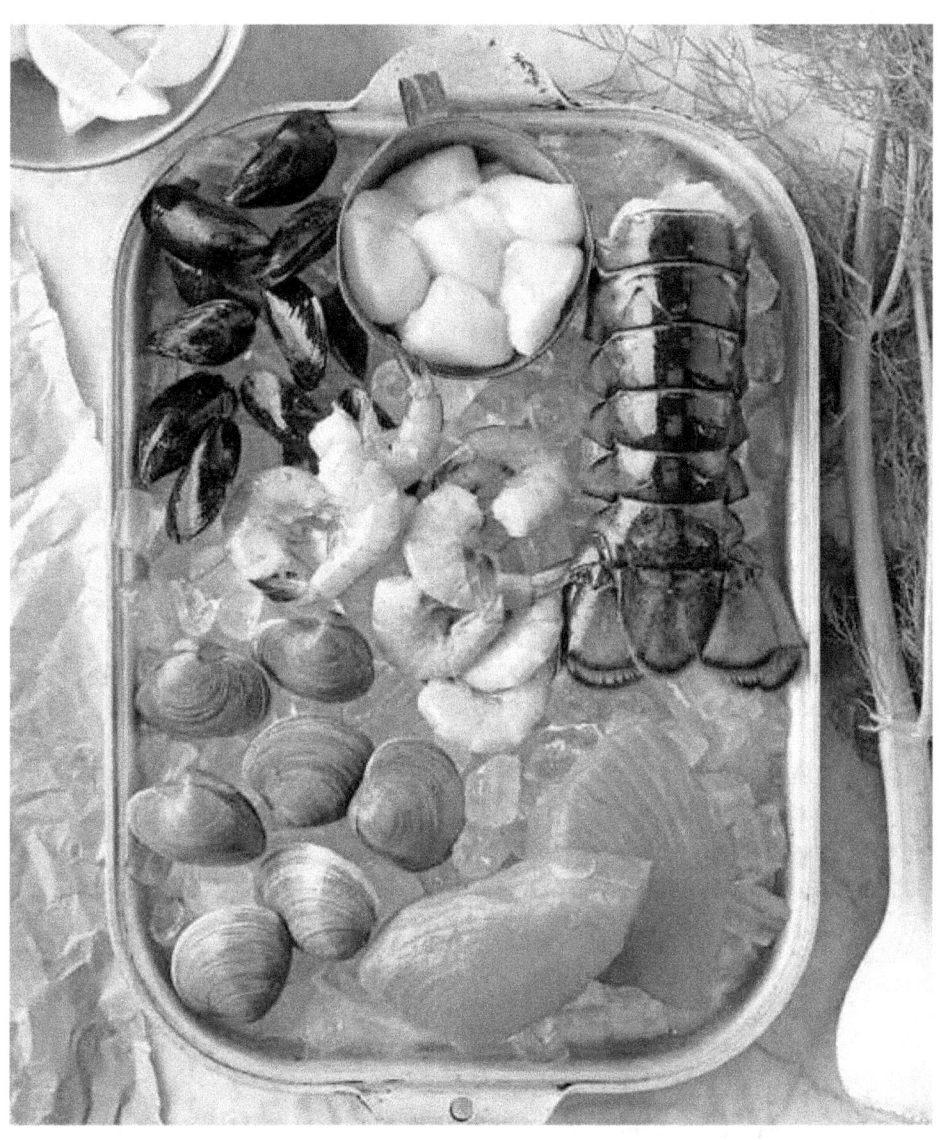

GRÜNER HARISSA-LACHS

HAUSAUFGABEN: 25 Minuten Backen: 10 Minuten Grillen: 8 Minuten Ausbeute: 4 Portionen FOTO

ES WIRD EIN HANDELSÜBLICHER GEMÜSESCHÄLER VERWENDET. UM FRISCHEN ROHEN SPARGEL FÜR SALAT IN DÜNNE STREIFEN ZU SCHNEIDEN. GEMISCHT MIT EINER HELLEN ZITRUS-VINAIGRETTE (VGL REZEPT) UND GEFÜLLT MIT GERÖSTETEN UND GERÄUCHERTEN SONNENBLUMENKERNEN IST ES EINE ERFRISCHENDE BEILAGE ZUM LACHS-GRÜN-GEMÜSE-CHUTNEY.

LACHS
4 frische oder gefrorene 6- bis 8-Unzen-Lachsfilets ohne Haut, etwa 2,5 cm dick
Olivenöl

HARISSA
1½ Teelöffel Kreuzkümmel

1½ Teelöffel Koriandersamen

1 Tasse dicht gepackte frische Petersilienblätter

1 Tasse grob gehackter frischer Koriander (Blätter und Stängel)

2 Jalapenos, entkernt und grob gehackt (vgl Neigung)

1 Frühlingszwiebel, gehackt

2 Knoblauchzehen

1 Teelöffel fein abgeriebene Zitronenschale

2 Esslöffel frischer Zitronensaft

⅓ Tasse Olivenöl

GEWÜRZTE SONNENBLUMENKERNE
⅓ Tasse rohe Sonnenblumenkerne

1 Teelöffel Olivenöl

1 Teelöffel Räuchergewürz (vgl Rezept)

EIN SALAT

12 große Spargel, getrimmt (etwa ein Pfund)

⅓ Tasse helle Zitrus-Vinaigrette (vgl Rezept)

1. Tauen Sie den Fisch auf, falls er gefroren ist; mit Papiertüchern trocknen. Beide Seiten des Fisches leicht mit Olivenöl bepinseln. Beiseite legen.

2. Für das Harissa die Kreuzkümmel- und Koriandersamen in einer kleinen Pfanne bei mittlerer Hitze 3 bis 4 Minuten rösten oder bis sie leicht geröstet sind und duften. Kombinieren Sie in einer Küchenmaschine die Kreuzkümmelsamen und den gerösteten Koriander, die Petersilie, den Koriander, die Jalapeños, die Frühlingszwiebeln, den Knoblauch, die Zitronenschale, den Zitronensaft und das Olivenöl. Bis glatt verarbeiten. Beiseite legen.

3. Für die gewürzten Sonnenblumenkerne den Ofen auf 300° F vorheizen. Ein Backblech mit Pergamentpapier auslegen; beiseite legen. Kombinieren Sie in einer kleinen Schüssel die Sonnenblumenkerne und 1 Teelöffel Olivenöl. Streuen Sie das rauchige Gewürz über die Samen; zum Überziehen werfen. Die Sonnenblumenkerne gleichmäßig auf dem Backpapier verteilen. Etwa 10 Minuten backen oder bis sie leicht geröstet sind.

4. Für einen Holzkohle- oder Gasgrill legen Sie den Lachs bei mittlerer Hitze direkt auf einen eingefetteten Grillrost. Abdecken und 8 bis 12 Minuten lang grillen oder bis der Fisch beim Testen mit einer Gabel abblättert, während des Grillens einmal wenden.

5. In der Zwischenzeit für den Salat den Spargel mit einem Gemüseschäler in lange dünne Streifen schneiden. In eine mittelgroße Schüssel oder einen Teller umfüllen. (Die Spitzen brechen ab, wenn die Stiele dünner werden; geben Sie sie auf eine Platte oder Schüssel.) Träufeln Sie die helle Zitrus-Vinaigrette über die geschälten Stiele. Mit gewürzten Sonnenblumenkernen bestreuen.

6. Zum Servieren je ein Steak auf vier Teller legen; Gießen Sie etwas grünes Harissa über jedes Filet. Mit dem gehackten Spargelsalat servieren.

GEGRILLTER LACHS MIT MARINIERTEM ARTISCHOCKENHERZSALAT

HAUSAUFGABEN:20 Minuten grillen: 12 Minuten ergeben: 4 Portionen

OFT DAS BESTE WERKZEUG FÜR DIE ZUBEREITUNG EINES SALATSIT'S YOUR HANDS BABYSALAT UND GEGRILLTE ARTISCHOCKEN GLEICHMÄßIG IN DIESEN SALAT EINARBEITEN GEHT AM BESTEN MIT SAUBEREN HÄNDEN.

4 6 Unzen frische oder gefrorene Lachsfilets
1 9-Unzen-Paket gefrorene Artischockenherzen, aufgetaut und entfernt
5 Esslöffel Olivenöl
2 Esslöffel gehackte Schalotten
1 Esslöffel fein abgeriebene Zitronenschale
¼ Tasse frischer Zitronensaft
3 Esslöffel gehackter frischer Oregano
½ Teelöffel frisch gemahlener schwarzer Pfeffer
1 Esslöffel Mittelmeergewürz (vglRezept)
5-Unzen-Paket gemischter Babysalat

1. Tauen Sie den Fisch auf, falls er gefroren ist. Spüle den Fisch ab; mit Papiertüchern trocknen. Stecken Sie den Fisch.

2. In einer mittelgroßen Schüssel die Artischockenherzen mit 2 Esslöffeln Olivenöl vermischen; beiseite legen. Kombinieren Sie in einer großen Schüssel 2 Esslöffel Olivenöl, Schalotten, Zitronenschale, Zitronensaft und Erz; beiseite legen.

3. Für einen Holzkohle- oder Gasgrill die Artischockenkerne in einen Grillkorb legen und direkt bei mittlerer Hitze garen.

Abdecken und 6 bis 8 Minuten grillen oder bis sie gut verkohlt und durchgewärmt sind, dabei häufig umrühren. Artischocken vom Grill nehmen. 5 Minuten abkühlen lassen, dann die Artischocken zur Schalottenmischung geben. Pfeffern; zum Überziehen werfen. Beiseite legen.

4. Den Lachs mit dem restlichen Löffel Olivenöl würzen; mit mediterranen Gewürzen bestreuen. Den Lachs mit der gewürzten Seite nach unten direkt bei mittlerer Hitze auf den Grill legen. Abdecken und 6 bis 8 Minuten lang grillen oder bis der Fisch beim Testen mit einer Gabel abblättert, dabei nach der Hälfte des Grillvorgangs einmal vorsichtig wenden.

5. Den Salat mit der marinierten Artischocke in die Schüssel geben; sanft schwenken, um es zu beschichten. Den Salat mit dem gegrillten Lachs servieren.

INSTANT POT ROASTED CHILI SAGE SALMON MIT GRÜNER TOMATENSALSA

HAUSAUFGABEN:35 Minuten Kühlen: 2 bis 4 Stunden Braten: 10 Minuten Produktion: 4 Portionen

"FLASH-ROASTING" BEZIEHT SICH AUF DIE TECHNIKALS EINE TROCKENE PFANNE IM OFEN AUF HOHE HITZE ZU ERHITZEN, EIN WENIG ÖL UND DEN FISCH, DAS HUHN ODER DAS FLEISCH HINZUZUFÜGEN (ES ENDET!), DANN DAS GERICHT IM OFEN FERTIG STELLEN. SCHNELLES GRILLEN VERKÜRZT DIE GARZEIT UND ERZEUGT EINE KÖSTLICH KNUSPRIGE KRUSTE AUßEN UND EIN SAFTIGES, AROMATISCHES INNERES.

LACHS
- 4 frische oder gefrorene Lachsfilets, 5 bis 6 Unzen
- 3 Esslöffel Olivenöl
- ¼ Tasse fein gehackte Zwiebel
- 2 Knoblauchzehen, geschält und gehackt
- 1 Esslöffel gemahlener Koriander
- 1 Teelöffel gemahlener Kreuzkümmel
- 2 Teelöffel süßer Paprika
- 1 Teelöffel getrockneter Oregano, zerstoßen
- ¼ Teelöffel Cayennepfeffer
- ⅓ Tasse frischer Limettensaft
- 1 Esslöffel gehackter frischer Salbei

GRÜNE TOMATENSAUCE
- 1½ Tassen gewürfelte feste grüne Tomaten
- ⅓ Tasse fein gehackte rote Zwiebel
- 2 Esslöffel frischer Koriander in Streifen geschnitten
- 1 Jalapeno, entkernt und gehackt (vglNeigung)

1 gehackte Knoblauchzehe
½ Teelöffel gemahlener Kreuzkümmel
¼ Teelöffel Chilipulver
2 bis 3 Esslöffel frischer Zitronensaft

1. Tauen Sie den Fisch auf, falls er gefroren ist. Spüle den Fisch ab; mit Papiertüchern trocknen. Stecken Sie den Fisch.

2. Für die Chili-Salbei-Paste in einem kleinen Topf 1 Esslöffel Olivenöl, Zwiebel und Knoblauch vermischen. Bei schwacher Hitze 1 bis 2 Minuten kochen oder bis es duftet. Koriander und Kreuzkümmel hinzufügen; 1 Minute kochen und umrühren. Paprika, Oregano und Cayennepfeffer hinzufügen; 1 Minute kochen und umrühren. Zitronensaft und Salbei hinzufügen; kochen und etwa 3 Minuten lang rühren oder bis sich eine glatte Paste bildet; kalt

3. Mit den Fingern beide Seiten der Filets mit Chili-Salbei-Paste bestreichen. Legen Sie den Fisch in eine nicht reaktive oder Glasschale; fest mit Plastikfolie abdecken. 2 bis 4 Stunden kalt stellen.

4. In der Zwischenzeit für die Sauce Tomaten, Zwiebel, Koriander, Jalapeño, Knoblauch, Kreuzkümmel und Chilipulver in einer mittelgroßen Schüssel mischen. Zum Mischen gut mischen. Mit Zitronensaft beträufeln; zum Überziehen werfen.

4. Mit einem Gummispatel so viel Paste wie möglich vom Lachs abkratzen. Verwerfen Sie die Paste.

5. Stellen Sie eine große gusseiserne Pfanne in den Ofen. Heizen Sie den Ofen auf 500 ° F. Heizen Sie den Ofen mit einer Pfanne vor.

6. Nehmen Sie die heiße Pfanne aus dem Ofen. 1 Esslöffel Olivenöl in die Pfanne geben. Kippen Sie die Pfanne, um den Boden der Pfanne mit Öl zu bedecken. Die Filets mit der Hautseite nach unten in die Pfanne legen. Die Oberseite der Filets mit dem restlichen Esslöffel Olivenöl bestreichen.

7. Grillen Sie den Lachs etwa 10 Minuten lang oder bis der Fisch beim Testen mit einer Gabel zu schuppen beginnt. Fisch mit der Sauce servieren.

GEBRATENER LACHS UND SPARGEL IN PAPILLOTE MIT ZITRONEN-HASELNUSS-PESTO

HAUSAUFGABEN:20 Minuten Braten: 17 Minuten Ergiebigkeit: 4 Portionen

KOCHEN „EN PAPILLOTE" BEDEUTET EINFACH KOCHEN AUF PAPIER.ES IST AUS VIELEN GRÜNDEN EINE WUNDERBARE ART ZU KOCHEN. FISCH UND GEMÜSE WERDEN IN DER PERGAMENTVERPACKUNG GEDÄMPFT, WODURCH DER SAFT, DAS AROMA UND DIE NÄHRSTOFFE EINGESCHLOSSEN WERDEN, UND ES MÜSSEN KEINE TÖPFE UND PFANNEN DANACH GEWASCHEN WERDEN.

4 6 Unzen frische oder gefrorene Lachsfilets
1 Tasse leicht verpackte frische Basilikumblätter
1 Tasse leicht verpackte frische Petersilienblätter
½ Tasse geröstete Haselnüsse*
5 Esslöffel Olivenöl
1 Teelöffel fein abgeriebene Zitronenschale
2 Esslöffel frischer Zitronensaft
1 gehackte Knoblauchzehe
1 Pfund feiner Spargel, getrimmt
4 Esslöffel trockener Weißwein

1. Tauen Sie den Lachs auf, falls er gefroren ist. Spüle den Fisch ab; mit Papiertüchern trocknen. Ofen auf 400°F vorheizen.

2. Für das Pesto Basilikum, Petersilie, Haselnüsse, Olivenöl, Zitronenschale, Zitronensaft und Knoblauch in einem Mixer oder einer Küchenmaschine mischen. Abdecken

und mischen oder verarbeiten, bis es glatt ist; beiseite legen.

3. Schneiden Sie vier 12-Zoll-Quadrate aus Pergamentpapier. Legen Sie für jede Packung ein Lachsfilet in die Mitte eines Pergamentquadrats. Mit einem Viertel des Spargels und 2 bis 3 Esslöffeln Pesto bestreuen; mit 1 El Wein beträufeln. Nehmen Sie zwei gegenüberliegende Seiten des Pergamentpapiers und falten Sie sie mehrmals über den Fisch. Falten Sie die Ränder des Pergaments, um es zu versiegeln. Wiederholen, um drei weitere Bündel zu machen.

4. Grillen Sie 17 bis 19 Minuten lang oder bis der Fisch beim Testen mit einer Gabel anfängt zu flocken (öffnen Sie die Verpackung vorsichtig, um zu prüfen, ob dies der Fall ist).

* Tipp: Um die Haselnüsse zu rösten, heizen Sie den Ofen auf 350° F vor. Verteilen Sie die Nüsse in einer einzigen Schicht in einer flachen Auflaufform. 8 bis 10 Minuten backen oder bis sie leicht geröstet sind, dabei einmal umrühren, um sie gleichmäßig zu bräunen. Die Nüsse etwas abkühlen. Legen Sie die warme Kokosnuss auf ein sauberes Küchentuch; Reiben Sie mit einem Handtuch, um lose Haut zu entfernen.

GEWÜRZTER LACHS MIT CHAMPIGNON-APFEL-SAUCE

ANFANG BIS ENDE: 40 Minuten ergibt: 4 Portionen

DIESES GANZE LACHSFILET MIT EINER MISCHUNG AUS SAUTIERTEN PILZEN, SCHALOTTEN, APFELSCHEIBEN MIT ROTER SCHALE BELEGT UND AUF EINEM BETT AUS HELLGRÜNEM SPINAT SERVIERT, IST ES EIN ATEMBERAUBENDES GERICHT, DAS MAN SEINEN GÄSTEN SERVIEREN KANN.

1 1½ Pfund frisches oder gefrorenes ganzes Lachsfilet mit Haut

1 Teelöffel Fenchelsamen, fein gemahlen*

½ Teelöffel getrockneter Salbei, zerdrückt

½ Teelöffel gemahlener Koriander

¼ Teelöffel trockener Senf

¼ Teelöffel schwarzer Pfeffer

2 Esslöffel Olivenöl

1½ Tassen frische Cremini-Pilze, geviertelt

1 mittelgroße Schalotte, sehr dünn geschnitten

1 kleiner Kochapfel, geviertelt, entkernt und in dünne Scheiben geschnitten

¼ Tasse trockener Weißwein

4 Tassen frischer Spinat

Ein Zweig frischer Salbei (optional)

1. Tauen Sie den Lachs auf, falls er gefroren ist. Heizen Sie den Ofen auf 425 ° F vor. Legen Sie ein großes Backblech mit Pergamentpapier aus; beiseite legen. Spüle den Fisch ab; mit Papiertüchern trocknen. Legen Sie den Lachs mit der Hautseite nach unten auf ein vorbereitetes Backblech. In einer kleinen Schüssel die Fenchelsamen, ½ Teelöffel getrockneten Salbei, Koriander, Senf und Pfeffer mischen.

Gleichmäßig über den Lachs streuen; Mit den Fingern reiben.

2. Messen Sie die Dicke des Fisches. Grillen Sie Lachs 4 bis 6 Minuten pro 1/2-Zoll-Dicke oder bis der Fisch beim Testen mit einer Gabel zu flocken beginnt.

3. In der Zwischenzeit für die Pfannensauce das Olivenöl in einer großen Pfanne bei mittlerer Hitze erhitzen. Pilze und Schalotte hinzufügen; 6 bis 8 Minuten kochen oder bis die Pilze weich sind und gerade anfangen zu bräunen, dabei gelegentlich umrühren. Fügen Sie die Äpfel hinzu; abdecken und weitere 4 Minuten kochen und umrühren. Fügen Sie den Wein vorsichtig hinzu. Kochen Sie unbedeckt 2 bis 3 Minuten oder bis die Apfelscheiben weich sind. Mit einem geschlitzten Löffel die Pilzmischung in eine mittelgroße Schüssel geben; zudecken, um warm zu bleiben.

4. Kochen Sie den Spinat in derselben Pfanne eine Minute lang oder bis der Spinat weich ist, und rühren Sie dabei ständig um. Den Spinat auf vier Servierteller verteilen. Das Lachsfilet in vier gleiche Teile schneiden, dabei durchschneiden, aber nicht durch die Haut. Verwenden Sie einen großen Pfannenwender, um die Portionen des Lachses von der Haut zu lösen; Legen Sie auf jeden Teller eine Lachsscheibe auf den Spinat. Die Pilzmischung gleichmäßig über den Lachs gießen. Nach Belieben mit frischem Salbei garnieren.

* Tipp: Verwenden Sie einen Mörser und einen Stößel und eine Gewürzmühle, um die Fenchelsamen fein zu zerstoßen.

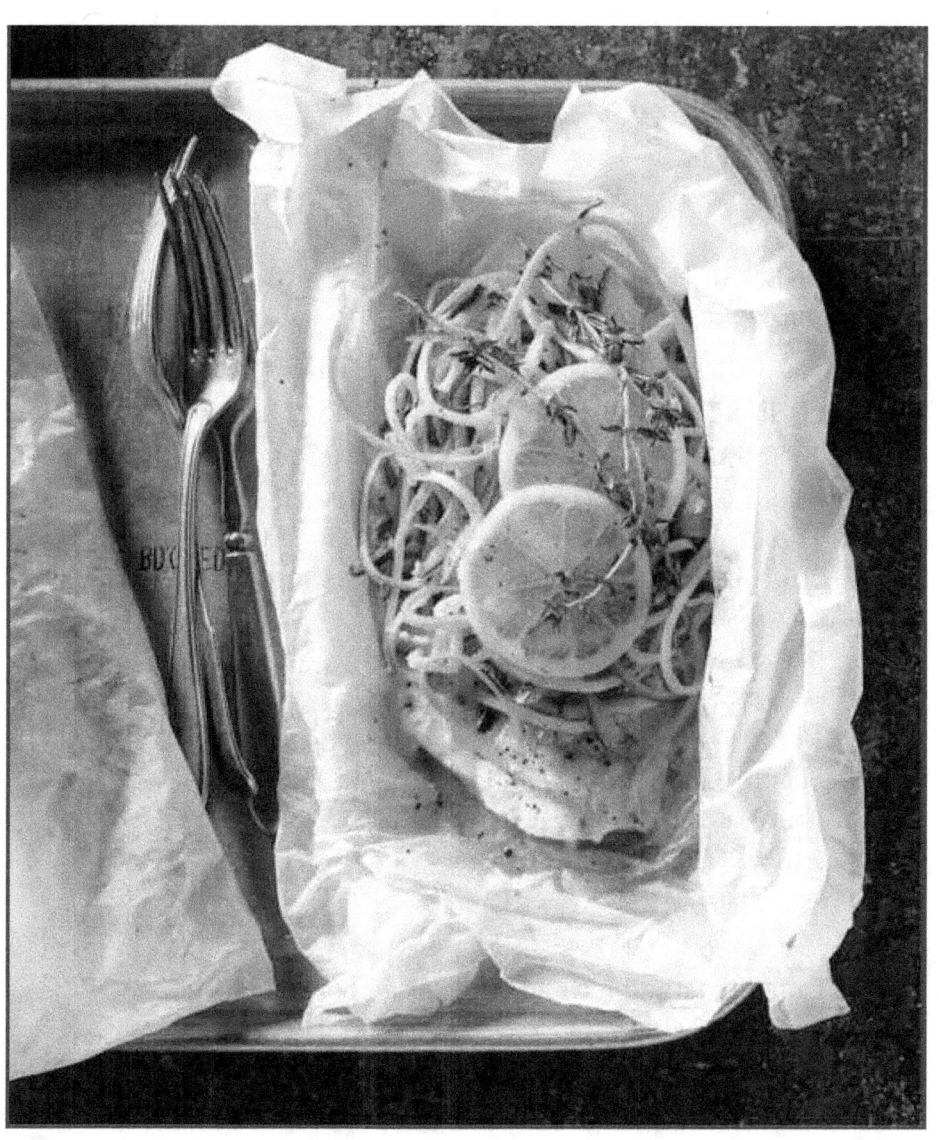

SOLE EN PAPILLOTE MIT JULIENNE-GEMÜSE

HAUSAUFGABEN:30 Minuten backen: 12 Minuten Ergiebigkeit: 4 Portionen<u>FOTO</u>

SIE KÖNNEN SICHERLICH GEMÜSE JULIENNEMIT EINEM GUTEN SCHARFEN KOCHMESSER, DAUERT ABER LANGE. PEELING JULIENNE (SIEHE<u>"AUSRÜSTUNG"</u>) MACHT IM HANDUMDREHEN LANGE, DÜNNE UND GLEICHMÄßIG GEFORMTE GEMÜSESTREIFEN.

- 4 Filets von Seezunge, Flunder oder festen weißen Fischfilets, frisch oder gefroren
- 1 Zucchini in Julienne geschnitten
- 1 große Karotte, in Scheiben geschnittene Juljene
- ½ rote Zwiebel, in Julienne geschnitten
- 2 Roma-Tomaten, entkernt und fein gehackt
- 2 gehackte Knoblauchzehen
- 1 Esslöffel Olivenöl
- ½ Teelöffel schwarzer Pfeffer
- 1 Zitrone, in 8 dünne Scheiben geschnitten, entkernt
- 8 Zweige frischer Thymian
- 4 Teelöffel Olivenöl
- ¼ Tasse trockener Weißwein

1. Tauen Sie den Fisch auf, falls er gefroren ist. Ofen auf 375° F vorheizen. In einer großen Schüssel Zucchini, Karotte, Zwiebel, Tomate und Knoblauch mischen. Fügen Sie 1 Esslöffel Olivenöl und ¼ Teelöffel Pfeffer hinzu; gut mischen, um zu kombinieren. Fixiere das Gemüse.

2. Schneiden Sie vier 14-Zoll-Quadrate aus Pergamentpapier. Spüle den Fisch ab; mit Papiertüchern trocknen. Legen Sie ein Filet in die Mitte jedes Quadrats. Mit dem restlichen Teelöffel Pfeffer bestreuen. Das Gemüse, die

Zitronenspalten und die Thymianzweige auf den Filets anrichten und gleichmäßig verteilen. Jeden Stapel mit 1 Teelöffel Olivenöl und 1 Esslöffel Weißwein beträufeln.

3. Arbeiten Sie mit einem Paket nach dem anderen, heben Sie zwei gegenüberliegende Seiten des Pergamentpapiers an und falten Sie sie mehrmals über den Fisch. Falten Sie die Ränder des Pergaments, um es zu versiegeln.

4. Päckchen auf ein großes Backblech legen. Etwa 12 Minuten backen oder bis der Fisch beim Testen mit einer Gabel zu bröckeln beginnt (öffnen Sie die Verpackung vorsichtig, um zu prüfen, ob dies der Fall ist).

5. Zum Servieren jede Packung auf einen Teller legen; Öffnen Sie die Pakete vorsichtig.

RUCOLA-PESTO-TACOS MIT GERÄUCHERTER LIMETTENCREME

HAUSAUFGABEN:30 Minuten grillen: 4 bis 6 Minuten pro ½ Zoll Dicke Ergibt: 6 Portionen

SIE KÖNNEN KABELJAU DURCH SEEZUNGE ERSETZEN„ES IST KEIN TILAPIA. TILAPIA IST LEIDER EINE DER SCHLECHTESTEN FISCHARTEN. ES WIRD FAST ÜBERALL GEZÜCHTET UND OFT UNTER SCHRECKLICHEN BEDINGUNGEN. OBWOHL TILAPIA FAST ÜBERALL IST, SOLLTE ES VERMIEDEN WERDEN.

4 frische oder gefrorene 4- bis 5-Unzen-Seezungenfilets, etwa ½ Zoll dick

1 Rezept für Rucola-Pesto (vglRezept)

½ Tasse Cashewcreme (vglRezept)

1 Teelöffel Räuchergewürz (vglRezept)

½ Teelöffel fein abgeriebene Limettenschale

12 Blätter Buttersalat

1 reife Avocado, halbiert, entkernt, geschält und in dünne Scheiben geschnitten

1 Tasse gehackte Tomaten

¼ Tasse gehackter frischer Koriander

1 Limette, in Spalten geschnitten

1. Tauen Sie den Fisch auf, falls er gefroren ist. Spüle den Fisch ab; mit Papiertüchern trocknen. Stecken Sie den Fisch.

2. Reiben Sie etwas Rucolapesto auf beide Seiten des Fisches.

3. Bei einem Holzkohle- oder Gasgrill den Fisch direkt bei mittlerer Hitze auf einen geölten Rost legen. Abdecken und 4 bis 6 Minuten lang grillen oder bis der Fisch beim Testen mit einer Gabel abblättert, während des Grillens einmal wenden.

4. In der Zwischenzeit für die Smoked Lime Cream in einer kleinen Schüssel Cashewcreme, Räuchergewürze und Limettenschale vermischen.

5. Brechen Sie den Fisch mit einer Gabel in Stücke. Die Butterblätter mit Fisch, Avocadoscheiben und Tomaten füllen; mit Koriander bestreuen. Tacos mit geräucherter Limettencreme beträufeln. Mit Limettenspalten servieren, die über die Tacos gepresst werden.

GEGRILLTER KABELJAU UND ZUCCHINI-WRAPS MIT WÜRZIGER MANGO-BASILIKUM-SAUCE

HAUSAUFGABEN:20 Minuten grillen: 6 Minuten ergeben: 4 Portionen

1 bis 1½ Pfund frischer oder gefrorener Kabeljau, ½ bis 1 Zoll dick
4 Stück 24 Zoll lang, Folie 12 Zoll breit
1 mittelgroße Zucchini, in Scheiben geschnittene Juljene
Zitronen-Kräuter-Gewürz (vglRezept)
¼ Tasse Chipotle Paleo Mayo (vglRezept)
1 bis 2 Esslöffel reifes Mangopüree*
1 Esslöffel frischer Zitronen- oder Limettensaft oder Reisweinessig
2 Esslöffel gehackter frischer Basilikum

1. Tauen Sie den Fisch auf, falls er gefroren ist. Spüle den Fisch ab; mit Papiertüchern trocknen. Den Fisch in vier Portionen schneiden.

2. Falten Sie jedes Stück Aluminiumfolie in der Mitte, um ein doppelt dickes 30-cm-Quadrat zu erhalten. Legen Sie eine Portion Fisch in ein halbes Quadrat Alufolie. Mit einem Viertel der Zucchini belegen. Mit Zitronen-Kräuter-Gewürz bestreuen. Entfernen Sie zwei gegenüberliegende Seiten der Alufolie und falten Sie sie mehrmals über die Zucchini und den Fisch. Falten Sie die Ränder der Alufolie. Wiederholen, um drei weitere Bündel zu machen. Für die Sauce Chipotle Paleo Mayo, Mango, Limettensaft und Basilikum in einer kleinen Schüssel vermischen; beiseite legen.

3. Bei einem Holzkohlegrill oder Gasgrill legen Sie die Pakete bei mittlerer Hitze auf den direkt eingeölten Grillrost.

Abdecken und 6 bis 9 Minuten grillen oder bis der Fisch beim Testen mit einer Gabel abblättert und die Zucchini knusprig-zart ist (öffnen Sie die Verpackung zum Testen vorsichtig). Wenden Sie die Päckchen während des Grillens nicht. Jede Portion mit der Soße übergießen.

*Tipp: Für das Mangopüree ¼ Tasse gehackte Mango und 1 Esslöffel Wasser in einem Mixer mischen. Abdecken und glatt rühren. Fügen Sie einem Smoothie pürierte Mangoreste hinzu.

RIESLING POCHIERTER KABELJAU MIT PESTO GEFÜLLTE TOMATEN

HAUSAUFGABEN:30 Minuten kochen: 10 Minuten ergeben: 4 Portionen

1 bis 1½ Pfund frische oder gefrorene Kabeljaufilets, etwa 1 Zoll dick

4 Roma-Tomaten

3 Löffel Basilikumpesto (vgl<u>Rezept</u>)

¼ Teelöffel gemahlener schwarzer Pfeffer

1 Tasse trockener Riesling oder Sauvignon Blanc

1 Zweig frischer Thymian oder ½ Teelöffel getrockneter Thymian, zerdrückt

1 Lorbeerblatt

½ Tasse Wasser

2 Esslöffel gehackter Schnittlauch

Zitronenscheiben

1. Tauen Sie den Fisch auf, falls er gefroren ist. Tomaten waagerecht halbieren. Nehmen Sie die Samen und einen Teil des Fruchtfleisches heraus. (Falls nötig, damit die Tomaten fest werden, schneiden Sie sie vom Ende her sehr dünn auf und achten Sie darauf, kein Loch in den Boden der Tomaten zu machen.) Geben Sie ein wenig Pesto auf jede Hälfte der Tomaten; mit gemahlenem Pfeffer bestreuen; beiseite legen.

2. Spülen Sie den Fisch ab; mit Papiertüchern trocknen. Den Fisch in vier Stücke schneiden. Stellen Sie einen Dampfkorb in eine große Pfanne mit dicht schließendem Deckel. Fügen Sie etwa ½ Zoll Wasser in die Pfanne hinzu. Lassen Sie es kochen; Hitze auf mittel reduzieren. Die Tomaten mit der Schnittseite nach oben in den Korb geben. Abdecken und 2 bis 3 Minuten dämpfen oder bis sie durchgeheizt sind.

3. Tomaten auf einem Teller anrichten; zudecken, um warm zu bleiben. Entfernen Sie den Dampfkorb aus der Pfanne; schütte das Wasser weg. Wein, Thymian, Lorbeerblätter und eine halbe Tasse Wasser in die Pfanne geben. Lassen Sie es kochen; Hitze auf mittel-niedrig reduzieren. Fisch und Frühlingszwiebeln zugeben. Zugedeckt 8 bis 10 Minuten köcheln lassen oder bis der Fisch beim Testen mit einer Gabel abblättert.

4. Den Fisch mit etwas Pochierflüssigkeit bepinseln. Den Fisch mit mit Pesto gefüllten Tomaten und Zitronenspalten servieren.

GEGRILLTER KABELJAU MIT PISTAZIENKRUSTE UND KORIANDER AUF SÜßKARTOFFELPÜREE

HAUSAUFGABEN:20 Minuten kochen: 10 Minuten grillen: 4 bis 6 Minuten pro ½ Zoll Dicke Ertrag: 4 Portionen

1 bis 1½ Pfund frischer oder gefrorener Kabeljau

Olivenöl oder raffiniertes Kokosöl

2 Esslöffel gemahlene Pistazien, Walnüsse oder Mandeln

1 Eiweiß

½ Teelöffel fein abgeriebene Zitronenschale

1½ Pfund Süßkartoffeln, geschält und in Stücke geschnitten

2 Knoblauchzehen

1 Esslöffel Kokosöl

1 Esslöffel geriebener frischer Ingwer

½ Teelöffel gemahlener Kreuzkümmel

¼ Tasse Kokosmilch (z. B. Nature's Way)

4 Teelöffel Korianderpesto oder Basilikumpesto (vglRezepte)

1. Tauen Sie den Fisch auf, falls er gefroren ist. Grill vorheizen. Ölgrill grillen. In einer kleinen Schüssel gemahlene Walnüsse, Eiweiß und Zitronenschale mischen; beiseite legen.

2. Für das Süßkartoffelpüree die Süßkartoffeln und den Knoblauch in einem mittelgroßen Topf in ausreichend kochendem Wasser 10 bis 15 Minuten kochen, bis sie weich sind. Abfließen; Gib die Süßkartoffel und den Knoblauch zurück in den Topf. Mit einem Kartoffelstampfer die Süßkartoffeln zerdrücken. Fügen Sie je 1 Esslöffel Kokosöl, Ingwer und Kreuzkümmel hinzu. Mit Kokosmilch mixen, bis es hell und luftig ist.

3. Spülen Sie den Fisch ab; mit Papiertüchern trocknen. Den Fisch in vier Stücke schneiden und auf den vorbereiteten unbeheizten Grillrost legen. Unter die dünnen Ränder stecken. Jedes Stück mit Cilantro Pesto bestreichen. Die Nussmischung über das Pesto gießen und vorsichtig verteilen. Grillen Sie Fisch 4 Zoll von der Hitze für 4 bis 6 Minuten pro ½ Zoll Dicke oder bis der Fisch beim Testen mit einer Gabel abblättert. Decken Sie ihn während des Grillens mit Aluminiumfolie ab, wenn die Beschichtung anfängt zu brennen. Fisch mit Süßkartoffeln servieren.

KABELJAU MIT ROSMARIN UND MANDARINE MIT GERÖSTETEM BROKKOLI

HAUSAUFGABEN:15 Minuten Marinieren: bis zu 30 Minuten Backen: 12 Minuten Produktion: 4 Portionen

1 bis 1½ Pfund frischer oder gefrorener Kabeljau
1 Teelöffel fein geriebene Mandarinenschale
½ Tasse frischer Mandarinen- oder Orangensaft
4 Esslöffel Olivenöl
2 Teelöffel frischer Rosmarin in Streifen geschnitten
¼ bis ½ Teelöffel gemahlener schwarzer Pfeffer
1 Teelöffel fein geriebene Mandarinenschale
3 Tassen Brokkoliröschen
¼ Teelöffel zerstoßener roter Pfeffer
Mandarinenscheiben, entkernt

1. Backofen auf 450 ° F vorheizen Fisch auftauen lassen, falls er gefroren ist. Spüle den Fisch ab; mit Papiertüchern trocknen. Den Fisch in vier Portionen schneiden. Messen Sie die Dicke des Fisches. In einer flachen Schüssel Mandarinenschale, Mandarinensaft, 2 Esslöffel Olivenöl, Rosmarin und schwarzen Pfeffer mischen; Fisch hinzufügen. Abdecken und bis zu 30 Minuten im Kühlschrank marinieren.

2. In einer großen Schüssel den Brokkoli mit den restlichen 2 Esslöffeln Olivenöl und der zerdrückten Paprika mischen. In eine 2-Liter-Auflaufform geben.

3. Fetten Sie eine flache Backform leicht mit zusätzlichem Olivenöl ein. Den Fisch abtropfen lassen, die Marinade auffangen. Legen Sie den Fisch in die Pfanne und stecken

Sie ihn unter die dünnen Ränder. Legen Sie den Fisch und den Brokkoli in den Ofen. Brokkoli 12 bis 15 Minuten backen oder bis er knusprig-zart ist, dabei nach der Hälfte der Garzeit einmal umrühren. Backen Sie Fisch für 4 bis 6 Minuten pro 1/2 Zoll Dicke des Fisches oder bis der Fisch beim Testen mit einer Gabel abblättert.

4. In einem kleinen Topf die reservierte Marinade zum Kochen bringen; 2 Minuten kochen. Die Marinade über den gekochten Fisch träufeln. Den Fisch mit Brokkoli und Mandarinenscheiben servieren.

KABELJAU-SALAT-WRAPS MIT EINGELEGTEM RETTICH

HAUSAUFGABEN: 20 Minuten Ruhen: 20 Minuten Kochen: 6 Minuten Ausbeute: 4 PortionenFOTO

- 1 Pfund frische oder gefrorene Kabeljaufilets
- 6 Radieschen, grob gerieben
- 6 bis 7 Esslöffel Apfelessig
- ½ Teelöffel zerstoßener roter Pfeffer
- 2 Esslöffel unraffiniertes Kokosöl
- ¼ Tasse Mandelbutter
- 1 gehackte Knoblauchzehe
- 2 Teelöffel fein geriebener Ingwer
- 2 Esslöffel Olivenöl
- 1½ bis 2 Teelöffel ungesalzenes Currypulver
- 4 bis 8 Buttersalatblätter oder Salatblätter
- 1 rote Paprika, Juljene gehackt
- 2 Esslöffel frischer Koriander in Streifen geschnitten

1. Tauen Sie den Fisch auf, falls er gefroren ist. Kombinieren Sie in einer mittelgroßen Schüssel den Rettich, 4 Esslöffel Essig und ¼ Teelöffel zerdrückten roten Pfeffer; 20 Minuten ruhen lassen und gelegentlich umrühren.

2. Für die Mandelbuttersauce das Kokosöl in einem kleinen Topf bei schwacher Hitze schmelzen. Mandelbutter glatt rühren. Fügen Sie Knoblauch, Ingwer und den restlichen ¼ Teelöffel zerdrückten roten Pfeffer hinzu. Entfernen Sie es von der Hitze. Die restlichen 2 bis 3 Esslöffel Apfelessig hinzufügen, glatt rühren; beiseite legen. (Sauce wird leicht eindicken, wenn Essig hinzugefügt wird.)

3. Spülen Sie den Fisch ab; mit Papiertüchern trocknen. In einer großen Pfanne Olivenöl und Currypulver bei

mittlerer Hitze erhitzen. Fügen Sie den Fisch hinzu; Kochen Sie 3 bis 6 Minuten oder bis der Fisch beim Testen mit einer Gabel abblättert, und drehen Sie ihn nach der Hälfte des Garvorgangs einmal um. Den Fisch mit zwei Gabeln grob in Scheiben schneiden.

4. Den Rettich abtropfen lassen; die Marinade wegwerfen. Etwas Fisch, Paprikastreifen, Meerrettichmischung und Mandelbuttersoße über jedes Salatblatt geben. Mit Koriander bestreuen. Wickeln Sie die Folie um die Füllung. Wenn gewünscht, befestigen Sie eine Umhüllung mit Holzzähnen.

GEBRATENER SCHELLFISCH MIT ZITRONE UND FENCHEL

HAUSAUFGABEN:25 Minuten Braten: 50 Minuten Ausbeute: 4 Portionen

SCHELLFISCH, SEELACHS UND KABELJAU HABEN ES IN SICHFESTES WEIßES FRUCHTFLEISCH MIT MILDEM GESCHMACK. SIE SIND IN DEN MEISTEN REZEPTEN AUSTAUSCHBAR, EINSCHLIEßLICH DIESES EINFACH GEBACKENEN FISCH- UND GEMÜSEGERICHTS MIT KRÄUTERN UND WEIN.

- 4 6 Unzen frischer oder gefrorener Schellfisch, Schellfisch oder Kabeljaufilets, etwa ½ Zoll dick
- 1 große Fenchelknolle, entkernt und gehackt, Blätter beiseite gelegt und gehackt
- 4 mittelgroße Karotten, vertikal halbiert und in 2 bis 3 Zoll lange Stücke geschnitten
- 1 rote Zwiebel, halbiert und gewürfelt
- 2 gehackte Knoblauchzehen
- 1 dünn geschnittene Zitrone
- 3 Esslöffel Olivenöl
- ½ Teelöffel schwarzer Pfeffer
- ¾ Tasse trockener Weißwein
- 2 Esslöffel fein gehackte frische Petersilie
- 2 Esslöffel gehackte frische Fenchelblätter
- 2 Teelöffel fein abgeriebene Zitronenschale

1. Tauen Sie den Fisch auf, falls er gefroren ist. Heizen Sie den Ofen auf 400 °F vor. Kombinieren Sie in einer rechteckigen 3-Liter-Auflaufform den Fenchel, die Karotten, die Zwiebel, den Knoblauch und die Zitronenschnitze. Mit 2 Esslöffeln Olivenöl beträufeln und mit ¼ Teelöffel Pfeffer bestreuen; zum Überziehen

werfen. Den Wein auf einen Teller gießen. Decken Sie die Schüssel mit Alufolie ab.

2. 20 Minuten grillen. Erfahren; unter die Gemüsemischung rühren. Weitere 15 bis 20 Minuten grillen oder bis das Gemüse knusprig-zart ist. Die Gemüsemischung unterrühren. Fisch mit restlichen ¼ Teelöffel Pfeffer bestreuen; Legen Sie den Fisch auf die Gemüsemischung. Mit dem restlichen Esslöffel Olivenöl beträufeln. 8 bis 10 Minuten grillen oder bis der Fisch beim Testen mit einer Gabel abblättert.

3. Mischen Sie in einer kleinen Schüssel Petersilie, Fenchelfrucht und Zitronenschale. Zum Servieren die Fisch-Gemüse-Mischung auf die Servierteller verteilen. Den Bratensaft über den Fisch und das Gemüse gießen. Mit Petersilienmischung bestreuen.

SNAPPER MIT WALNUSSKRUSTE MIT REMOULADE UND CAJUN OKRA UND TOMATE

HAUSAUFGABEN:1 Stunde kochen: 10 Minuten backen: 8 Minuten Ausbeute: 4 Portionen

DIESES FISCHGERICHT, DAS ZUM UNTERNEHMEN PASSTDIE ZUBEREITUNG DAUERT EIN WENIG, ABER DIE REICHEN AROMEN MACHEN ES WERT. REMOULADE, EINE AUF MAYONNAISE BASIERENDE SAUCE MIT SENF-ZITRONEN-CAJUN-DRESSING UND GEHACKTER PAPRIKA, FRÜHLINGSZWIEBELN UND PETERSILIE, KANN EINEN TAG IM VORAUS ZUBEREITET UND GEKÜHLT WERDEN.

- 4 Esslöffel Olivenöl
- ½ Tasse fein gehackte Pekannüsse
- 2 Esslöffel gehackte frische Petersilie
- 1 Esslöffel gehackter frischer Thymian
- 2 8 Unzen Red Snapper Filets, ½ Zoll dick
- 4 Teelöffel Cajun-Gewürz (vgl Rezept)
- ½ Tasse gehackte Zwiebel
- ½ Tasse gehackter grüner Pfeffer
- ½ Tasse gewürfelter Sellerie
- 1 Esslöffel gehackter Knoblauch
- 1 Pfund frische Okraschoten, in 1-Zoll-dicke Scheiben geschnitten (oder frischer Spargel, in 1-Zoll-Stücke geschnitten)
- 8 Unzen Kirsch- oder Traubentomaten, halbiert
- 2 Teelöffel gehackter frischer Thymian
- Schwarzer Pfeffer
- Remoulade (siehe Rezept rechts)

1. In einer mittelgroßen Pfanne 1 Esslöffel Olivenöl bei mittlerer Hitze erhitzen. Fügen Sie die Walnüsse hinzu

und rösten Sie sie etwa 5 Minuten lang oder bis sie goldbraun sind und duften, wobei Sie häufig umrühren. Die Nüsse in eine kleine Schüssel geben und abkühlen lassen. Petersilie und Thymian zugeben und beiseite stellen.

2. Heizen Sie den Ofen auf 400 °F vor. Legen Sie ein Backblech mit Pergamentpapier oder Aluminiumfolie aus. Die Schnapperfilets mit der Hautseite nach unten auf das Backblech legen und jeweils mit einem Teelöffel Cajun-Gewürz bestreuen. Mit einem Backpinsel 2 Esslöffel Olivenöl über die Filets streichen. Die Walnussmischung gleichmäßig auf die Filets verteilen und die Walnüsse leicht auf die Oberfläche des Fisches drücken, damit sie haften. Alle freiliegenden Stellen des Fischfilets möglichst mit Walnüssen bedecken. Backen Sie den Fisch 8 bis 10 Minuten lang oder bis er leicht mit der Spitze eines Messers abblättert.

3. In einer großen Pfanne den restlichen Esslöffel Olivenöl bei mittlerer bis hoher Hitze erhitzen. Zwiebel, Paprika, Sellerie und Knoblauch dazugeben. Koche und rühre für 5 Minuten oder bis das Gemüse knusprig ist. Gehackte Okraschoten (oder Spargel, falls verwendet) und Tomaten hinzufügen; Kochen Sie für 5 bis 7 Minuten oder bis die Okra knusprig-zart ist und die Tomaten gerade anfangen sich zu spalten. Vom Herd nehmen und mit Thymian und schwarzem Pfeffer abschmecken. Das Gemüse mit Schnapper und Remoulade servieren.

Remoulade: In einer Küchenmaschine ½ Tasse gehackte rote Paprika, ¼ Tasse gehackte Frühlingszwiebeln und 2

Esslöffel gehackte frische Petersilie pulsieren, bis sie fein sind. Fügen Sie ¼ Tasse Paleo Mayo hinzu (vgl Rezept), ¼ Tasse Senf nach Dijon-Art (vgl Rezept), 1½ Teelöffel Zitronensaft und ¼ Teelöffel Cajun-Gewürz (siehe Rezept). Puls bis kombiniert. In eine Servierschüssel umfüllen und bis zum Servieren kühl stellen. (Remoulade kann einen Tag im Voraus zubereitet und gekühlt werden.)

ESTRAGON-THUNFISCH-EMPANADAS MIT AVOCADO UND ZITRONEN-ALIOLI

HAUSAUFGABEN:25 Minuten kochen: 6 Minuten Ausbeute: 4 Portionen FOTO

NEBEN LACHS GEHÖRT THUNFISCH DAZU EINE DER SELTENEN FISCHARTEN, DIE SICH FEIN SCHNEIDEN UND ZU FRIKADELLEN FORMEN LASSEN. ACHTEN SIE DARAUF, DEN THUNFISCH IN DER KÜCHENMASCHINE NICHT ZU STARK ZU VERARBEITEN; ÜBERBEARBEITUNG HÄRTET ES AUS.

1 Pfund frische oder gefrorene Thunfischsteaks ohne Haut

1 Eiweiß, leicht geschlagen

¾ Tasse gemahlenes goldenes Leinsamenmehl

1 Esslöffel gehackter frischer Estragon oder Dill

2 Esslöffel gehackter frischer Schnittlauch

1 Teelöffel fein abgeriebene Zitronenschale

2 Esslöffel Leinöl, Avocadoöl oder Olivenöl

1 mittelgroße Avocado, entkernt

3 Esslöffel Paleo Mayo (vgl Rezept)

1 Teelöffel fein abgeriebene Zitronenschale

2 Teelöffel frischer Zitronensaft

1 gehackte Knoblauchzehe

4 Unzen Babyspinat (ca. 4 Tassen dicht gepackt)

⅓ Tasse geröstete Knoblauch-Vinaigrette (vgl Rezept)

1 Granny-Smith-Apfel, entkernt und in mundgerechte Stücke geschnitten

¼ Tasse gehackte geröstete Walnüsse (vgl Neigung)

1. Tauen Sie den Fisch auf, falls er gefroren ist. Spüle den Fisch ab; mit Papiertüchern trocknen. Den Fisch in 1,5 cm große Stücke schneiden. Legen Sie den Fisch in eine Küchenmaschine; mit Puls ein/aus fein hacken. (Achten

Sie darauf, nicht zu stark zu verarbeiten, sonst wird der Burger zäher.) Fügen Sie den Fisch hinzu.

2. Mischen Sie in einer mittelgroßen Schüssel Eiweiß, ¼ Tasse Leinsamenmehl, Estragon, Schnittlauch und Zitronenschale. Fügen Sie den Fisch hinzu; vorsichtig mischen, um zu kombinieren. Aus der Fischmischung vier etwa 1,5 cm dicke Bratlinge formen.

3. Legen Sie die restlichen ½ Tasse Flachsmehl in eine flache Schüssel. Tauchen Sie die Patties in die Flachsmischung und wenden Sie sie, um sie gleichmäßig zu beschichten.

4. In einer extragroßen Pfanne das Öl bei mittlerer Hitze erhitzen. Garen Sie die Thunfisch-Pastetchen im heißen Öl 6 bis 8 Minuten lang oder bis ein sofort ablesbares Thermometer, das horizontal in die Pastetchen eingeführt wird, 160 °F anzeigt, und drehen Sie es nach der Hälfte der Garzeit einmal um.

5. In der Zwischenzeit für die Aioli in einer mittelgroßen Schüssel die Avocado mit einer Gabel zerdrücken. Fügen Sie Paleo Mayo, Zitronenschale, Zitronensaft und Knoblauch hinzu. Mischen, bis alles gut vermischt und fast glatt ist.

6. Legen Sie den Spinat in eine mittelgroße Schüssel. Spinat mit gerösteter Knoblauch-Vinaigrette beträufeln; zum Überziehen werfen. Legen Sie für jede Portion ein Thunfisch-Patty und ein Viertel des Spinats auf eine Servierplatte. Den Thunfisch mit etwas Aioli garnieren. Den Spinat mit Äpfeln und Walnüssen servieren. Sofort servieren.

GESTREIFTE BASS-TAJINE

HAUSAUFGABEN:50 Minuten abkühlen: 1 bis 2 Stunden kochen: 22 Minuten backen: 25 Minuten ergeben: 4 Portionen

TAGINE IST DER NAME VONSOWOHL EINE ART NORDAFRIKANISCHES GERICHT (EINE ART EINTOPF) ALS AUCH DER KEGELFÖRMIGE TOPF, IN DEM ES GEKOCHT WIRD. WENN SIE KEINE HABEN, FUNKTIONIERT EINE GEFÜTTERTE OFENFESTE PFANNE GUT. CHERMOULA IST EINE DICKE NORDAFRIKANISCHE GEMÜSEPASTE, DIE AM HÄUFIGSTEN ALS MARINADE FÜR FISCH VERWENDET WIRD. SERVIEREN SIE DIESES FARBENFROHE FISCHGERICHT MIT SÜßKARTOFFELN ODER BLUMENKOHLPÜREE.

- 4 6 Unzen frische oder gefrorene Streifenbarsch- oder Heilbuttfilets mit Haut
- 1 Bund gehackter Koriander
- 1 Teelöffel fein geriebene Zitronenschale (Reserve)
- ¼ Tasse frischer Zitronensaft
- 4 Esslöffel Olivenöl
- 5 gehackte Knoblauchzehen
- 4 Teelöffel gemahlener Kreuzkümmel
- 2 Teelöffel süßer Paprika
- 1 Teelöffel gemahlener Koriander
- ¼ Teelöffel gemahlener Süßstoff
- 1 große Zwiebel, geschält, halbiert und in dünne Scheiben geschnitten
- 1 15-Unzen-Dose ohne Salz, gewürfelte, über dem Feuer geröstete Tomaten, nicht abgetropft
- ½ Tasse Hühnerknochenbrühe (vglRezept) oder ungesalzene Hühnerbrühe
- Große gelbe Paprika, entkernt und in ½-Zoll-Streifen geschnitten
- Große orangefarbene Paprika, entkernt und in ½-Zoll-Streifen geschnitten

1. Tauen Sie den Fisch auf, falls er gefroren ist. Spüle den Fisch ab; mit Papiertüchern trocknen. Legen Sie die Fischfilets

in eine flache, nichtmetallische Auflaufform. Stecken Sie den Fisch.

2. Für die Chermoula Koriander, Zitronensaft, 2 Esslöffel Olivenöl, 4 gehackte Knoblauchzehen, Kreuzkümmel, Paprika, Koriander und Anis in einem kleinen Mixer oder einer Küchenmaschine mischen. Abdecken und zu einer glatten Masse verarbeiten.

3. Legen Sie die Hälfte der Chermoula auf den Fisch und wenden Sie sie, um beide Seiten zu bestreichen. Abdecken und 1 bis 2 Stunden kühl stellen. Bedecken Sie die restliche Chermoula; lassen Sie es bei Raumtemperatur stehen, bis es benötigt wird.

4. Heizen Sie den Ofen auf 325 °F vor. Erhitzen Sie in einer großen ofenfesten Pfanne die restlichen 2 Esslöffel Öl bei mittlerer bis hoher Hitze. Fügen Sie die Zwiebel hinzu; kochen und rühren für 4 bis 5 Minuten oder bis sie weich sind. Rühren Sie die restliche 1 gehackte Knoblauchzehe ein; 1 Minute kochen und umrühren. Die reservierte Chermoula, Tomaten, Hühnerknochenbrühe, Paprikastreifen und Zitronenschale hinzufügen. Lassen Sie es kochen; die Hitze reduzieren. Ohne Deckel 15 Minuten köcheln lassen. Falls gewünscht, die Mischung auf eine Tajine übertragen; Mit dem Fisch und der übrig gebliebenen Chermoula belegen. Hülse; 25 Minuten backen. Sofort servieren.

MEERESFRÜCHTE-BOUILLABAISSE

BEGINN BIS ENDE: 1¾ STUNDEN AUSBEUTE: 4 PORTIONEN

WIE DER ITALIENISCHE CIOPPINO, DIESER FRANZÖSISCHE EINTOPF MIT MEERESFRÜCHTENDE PESCADO Y MARISCO SCHEINT EINE PROBE DES FANGS DES TAGES DARZUSTELLEN, DER MIT KNOBLAUCH, ZWIEBELN, TOMATEN UND WEIN IN EINEN TOPF GEWORFEN WIRD. DER CHARAKTERISTISCHE GESCHMACK VON BOUILLABAISSE IST JEDOCH DIE KOMBINATION AUS SAFRAN-, FENCHEL- UND ORANGENSCHALENAROMEN.

- 1 Pfund frische oder gefrorene Heilbuttfilets ohne Haut, in 1-Zoll-Stücke geschnitten
- 4 Esslöffel Olivenöl
- 2 Tassen gehackte Zwiebeln
- 4 Knoblauchzehen, zerdrückt
- 1 Fenchelkopf, entkernt und gehackt
- 6 Roma-Tomaten, gehackt
- ¾ Tasse Hühnerknochenbrühe (vgl Rezept) oder ungesalzene Hühnerbrühe
- ¼ Tasse trockener Weißwein
- 1 Tasse fein gehackte Zwiebel
- 1 Fenchelkopf, entkernt und fein gehackt
- 6 Knoblauchzehen, gehackt
- 1 Orange
- 3 Roma-Tomaten, fein gehackt
- 4 Safranfäden
- 1 Esslöffel gehackter frischer Oregano
- 1 Pfund Muscheln, geschrubbt und gespült
- 1 Pfund Muscheln, Bart entfernt, gewaschen und gespült (vgl Neigung)
- gehackter frischer Oregano (optional)

1. Tauen Sie den Heilbutt auf, falls er gefroren ist. Spüle den Fisch ab; mit Papiertüchern trocknen. Stecken Sie den Fisch.

2. In einem 6- bis 8-Liter-Topf 2 Esslöffel Olivenöl bei mittlerer Hitze erhitzen. 2 Tassen gehackte Zwiebeln, 1 Kopf gehackter Fenchel und 4 zerdrückte Knoblauchzehen in den Topf geben. 7 bis 9 Minuten kochen oder bis die Zwiebel weich ist, dabei gelegentlich umrühren. Fügen Sie 6 gehackte Tomaten und 1 Kopf gehackten Fenchel hinzu; weitere 4 Minuten kochen. Hühnerknochenbrühe und Weißwein in den Topf geben; 5 Minuten köcheln lassen; etwas abkühlen. Übertragen Sie die Gemüsemischung in einen Mixer oder eine Küchenmaschine. Abdecken und mischen oder verarbeiten, bis es glatt ist; beiseite legen.

3. Im gleichen Schmortopf den restlichen Esslöffel Olivenöl bei mittlerer Hitze erhitzen. Fügen Sie 1 Tasse fein gehackte Zwiebel, 1 Kopf fein gehackten Fenchel und 6 gehackte Knoblauchzehen hinzu. Bei mittlerer Hitze 5 bis 7 Minuten kochen oder bis fast gar, dabei häufig umrühren.

4. Mit einem Gemüseschäler die Schale in breiten Streifen von der Orange entfernen; beiseite legen. Die pürierte Gemüsemischung, 3 gehackte Tomaten, Safran, Oregano und Orangenschalenstreifen in den Dutch Oven geben. Lassen Sie es kochen; Hitze reduzieren, um weiter zu köcheln. Venusmuscheln, Miesmuscheln und Fisch hinzufügen; langsam schwenken, um den Fisch mit der Soße zu überziehen. Stellen Sie die Hitze nach Bedarf ein, um ein Köcheln aufrechtzuerhalten. Zugedeckt 3 bis 5 Minuten köcheln lassen, bis sich die Mies- und

Venusmuscheln geöffnet haben und der Fisch beim Testen mit einer Gabel abplatzt. In flachen Schalen servieren. Falls gewünscht, mit zusätzlichem Oregano bestreuen.

KLASSISCHES GARNELEN-CEVICHE

HAUSAUFGABEN:20 Minuten Kochen: 2 Minuten Abkühlen: 1 Stunde Ruhen: 30 Minuten
Ergiebigkeit: 3 bis 4 Portionen

DIESES LATEINAMERIKANISCHE GERICHT IST EIN KNALLERVON AROMEN UND TEXTUREN. KNUSPRIGE GURKEN UND SELLERIE, CREMIGE AVOCADO, SCHARFE UND WÜRZIGE JALAPENOS UND SÜßE UND ZARTE GARNELEN WERDEN IN ZITRONENSAFT UND OLIVENÖL GEWORFEN. BEI TRADITIONELLEM CEVICHE „KOCHT" DIE SÄURE IM LIMETTENSAFT DIE GARNELEN, ABER EIN KURZES EINTAUCHEN IN KOCHENDES WASSER LÄSST KEINE WÜNSCHE OFFEN UND SCHADET WEDER DEM GESCHMACK NOCH DER TEXTUR DER GARNELEN.

- 1 Pfund frische oder gefrorene mittelgroße Garnelen, geschält und entdarmt, Schwanz entfernt
- ½ Gurke, geschält, entkernt und gewürfelt
- 1 Tasse gehackter Sellerie
- ½ kleine rote Zwiebel, gehackt
- 1 bis 2 Jalapeños, entkernt und gehackt (vglNeigung)
- ½ Tasse frischer Limettensaft
- 2 Roma-Tomaten, gehackt
- 1 Avocado, halbiert, entkernt, geschält und gewürfelt
- ¼ Tasse gehackter frischer Koriander
- 3 Esslöffel Olivenöl
- ½ Teelöffel schwarzer Pfeffer

1. Tauen Sie die Garnelen auf, falls sie gefroren sind. Shell- und Dein-Garnelen; die Schwänze entfernen Garnelen abspülen; mit Papiertüchern trocknen.

2. Füllen Sie einen großen Topf zur Hälfte mit Wasser. Lassen Sie es kochen. Die Garnelen in das kochende Wasser

geben. Unbedeckt 1 bis 2 Minuten kochen oder bis die Garnelen undurchsichtig werden; abfließen. Garnelen in kaltes Wasser legen und wieder abtropfen lassen. Garnelen in Scheiben schneiden.

3. Kombinieren Sie in einer extra großen, nicht reaktiven Schüssel Garnelen, Gurken, Sellerie, Zwiebeln, Jalapenos und Limettensaft. Abdecken und für eine Stunde in den Kühlschrank stellen, dabei ein- oder zweimal umrühren.

4. Fügen Sie Tomaten, Avocado, Koriander, Olivenöl und schwarzen Pfeffer hinzu. Zugedeckt 30 Minuten bei Zimmertemperatur stehen lassen. Vor dem Servieren vorsichtig umrühren.

GARNELENSALAT MIT KOKOSKRUSTE UND SPINAT

HAUSAUFGABEN: 25 Minuten backen: 8 Minuten Ergiebigkeit: 4 Portionen<u>FOTO</u>

KOMMERZIELL HERGESTELLTE OLIVENÖL-AEROSOLDOSENKANN MAISALKOHOL, LECITHIN UND TREIBMITTEL ENTHALTEN; ES IST KEINE GROßARTIGE KOMBINATION, WENN SIE VERSUCHEN, REINE, ECHTE LEBENSMITTEL ZU ESSEN UND GETREIDE, UNGESUNDE FETTE, HÜLSENFRÜCHTE UND MILCHPRODUKTE ZU VERMEIDEN. EIN ÖLZERSTÄUBER VERWENDET NUR LUFT, UM DAS ÖL IN EINEN FEINEN NEBEL ZU DRÜCKEN, DER PERFEKT IST, UM GARNELEN VOR DEM BACKEN LEICHT MIT EINER KOKOSNUSSSCHALE ZU BESCHICHTEN.

1½ Pfund frische oder gefrorene Riesengarnelen auf der halben Schale

Misto-Zerstäuber gefüllt mit nativem Olivenöl extra

2 Eier

¾ Tasse zerkleinerte oder zerkleinerte ungesüßte Kokosnuss

¾ Tasse Mandelmehl

½ Tasse Avocadoöl oder Olivenöl

3 Esslöffel frischer Zitronensaft

2 Esslöffel frischer Limettensaft

2 kleine Knoblauchzehen, gehackt

⅛ bis ¼ Teelöffel zerstoßener roter Pfeffer

8 Tassen frischer Babyspinat

1 mittelgroße Avocado, halbiert, entkernt, geschält und in dünne Scheiben geschnitten

1 kleine orange oder gelbe Paprika, in dünne mundgerechte Streifen geschnitten

½ Tasse gehackte rote Zwiebel

1. Tauen Sie die Garnelen auf, falls sie gefroren sind. Garnelen schälen und entdarmen, dabei den Schwanz intakt lassen.

Garnelen abspülen; mit Papiertüchern trocknen. Heizen Sie den Ofen auf 450 ° F vor. Legen Sie ein großes Backblech mit Aluminiumfolie aus; Folie leicht mit Öl bestreichen, das aus der Misto-Flasche gesprüht wird; beiseite legen.

2. Auf einem flachen Teller die Eier mit einer Gabel schlagen. In einem anderen flachen Teller das Kokosmehl und die Mandeln mischen. Tauchen Sie die Garnelen in das Ei und wenden Sie sie, um sie zu beschichten. Tauchen Sie es in die Kokosnussmischung und drücken Sie es nach unten, um es zu beschichten (die Enden frei lassen). Ordnen Sie die Garnelen in einer einzigen Schicht auf dem vorbereiteten Backblech an. Bestreichen Sie die Oberseite der Garnelen mit dem Sprühöl aus der Misto-Flasche.

3. 8 bis 10 Minuten backen oder bis die Garnelen undurchsichtig und die Haut leicht golden ist.

4. In der Zwischenzeit zum Garnieren in einem kleinen Schraubglas Avocadoöl, Zitronensaft, Limettensaft, Knoblauch und zerstoßene Paprika mischen. Abdecken und gut mischen.

5. Für die Salate den Spinat auf vier Teller verteilen. Mit Avocado, Paprika, roten Zwiebeln und Garnelen garnieren. Mit dem Dressing beträufeln und sofort servieren.

CEVICHE MIT TROPISCHEN GARNELEN UND JAKOBSMUSCHELN

HAUSAUFGABEN:20 Minuten Marinade: 30 bis 60 Minuten Ergiebigkeit: 4 bis 6 Portionen

FRISCHES UND LEICHTES CEVICHE IST EINE AUSGEZEICHNETE MAHLZEITFÜR EINE LAUE SOMMERNACHT. MIT MELONE, MANGO, SERRANO-PFEFFER, FENCHEL UND MANGO-LIMETTEN-DRESSING (VGL<u>REZEPT</u>), DIES IST EINE SÜßE VERSION DES ORIGINALS.

- 1 Pfund frische oder gefrorene Jakobsmuscheln
- 1 Pfund frische oder gefrorene große Garnelen
- 2 Tassen gewürfelte süße Melone
- 2 mittelgroße Mangos, geschält, entkernt und gewürfelt (ca. 2 Tassen)
- 1 Kopf Fenchel, getrimmt, geviertelt, entkernt und in dünne Scheiben geschnitten
- 1 mittelgroße rote Paprika, gehackt (ca. ¾ Tasse)
- 1 bis 2 Serrano Chilis, nach Belieben entkernt und in dünne Scheiben geschnitten (vgl<u>Neigung</u>)
- ½ Tasse leicht verpackter frischer Koriander, gehackt
- 1 Mango-Limetten-Salat-Dressing-Rezept (vgl<u>Rezept</u>)

1. Tauen Sie die Muscheln und Garnelen auf, falls sie gefroren sind. Jakobsmuscheln horizontal halbieren. Garnelen schälen, entdarmen und horizontal halbieren. Jakobsmuscheln und Garnelen abspülen; mit Papiertüchern trocknen. Fülle einen großen Topf zu drei Vierteln mit Wasser. Lassen Sie es kochen. Garnelen und Jakobsmuscheln hinzufügen; kochen für 3 bis 4 Minuten oder bis die Garnelen und Jakobsmuscheln undurchsichtig sind; abgießen und unter kaltem Wasser abspülen, um

schnell abzukühlen. Gut abtropfen lassen und ruhen lassen.

2. Mischen Sie in einer extra großen Schüssel Melone, Mango, Fenchel, Paprika, Serrano-Pfeffer und Koriander. Mango-Limetten-Salatdressing hinzufügen; sanft schwenken, um es zu beschichten. Fügen Sie langsam die gekochten Garnelen und Jakobsmuscheln hinzu. Vor dem Servieren 30 bis 60 Minuten im Kühlschrank marinieren lassen.

KNOBLAUCHGARNELEN MIT SAUTIERTEM SPINAT UND RADICCHIO

HAUSAUFGABEN:15 Minuten kochen: 8 Minuten Ausbeute: 3 Portionen

„SCAMPI" BEZEICHNET EIN KLASSISCHES RESTAURANTGERICHTGROßE GESALZENE ODER GEGRILLTE GARNELEN MIT BUTTER UND VIEL KNOBLAUCH UND ZITRONE. DIESE WÜRZIGE OLIVENÖL-VERSION IST PALÄO-ZUGELASSEN UND MIT EINER SCHNELLEN PFANNE AUS RADICCHIO UND SPINAT ERNÄHRUNGSPHYSIOLOGISCH ANGEREICHERT.

1 Pfund frische oder gefrorene große Garnelen

4 Esslöffel natives Olivenöl extra

6 Knoblauchzehen, gehackt

½ Teelöffel schwarzer Pfeffer

¼ Tasse trockener Weißwein

½ Tasse frische Petersilie in Streifen geschnitten

½ Kopf Radicchio, entkernt und in dünne Scheiben geschnitten

½ Teelöffel zerstoßener roter Pfeffer

9 Tassen Babyspinat

Zitronenscheiben

1. Tauen Sie die Garnelen auf, falls sie gefroren sind. Garnelen schälen und entdarmen, dabei den Schwanz intakt lassen. In einer großen Pfanne 2 Esslöffel Olivenöl bei mittlerer Hitze erhitzen. Garnelen, 4 gehackte Knoblauchzehen und schwarzen Pfeffer hinzufügen. Koche und rühre etwa 3 Minuten oder bis die Garnelen undurchsichtig sind. Die Garnelenmischung in eine Schüssel geben.

2. Den Weißwein in die Pfanne geben. Unter Rühren kochen, um Knoblauch aufzulösen, der vom Boden der Pfanne

gesprudelt ist. Gießen Sie den Wein über die Garnelen; rühren, um zu kombinieren. Fügen Sie die Petersilie hinzu. Zum Warmhalten locker mit Alufolie abdecken; beiseite legen.

3. Fügen Sie die restlichen zwei Esslöffel Olivenöl, die restlichen zwei gehackten Knoblauchzehen, den Radicchio und die zerdrückte rote Paprika zum Rühren hinzu. Bei mittlerer Hitze 3 Minuten kochen und umrühren oder bis der Radicchio zusammenzufallen beginnt. Den Spinat vorsichtig unterheben; Kochen und rühren Sie weitere 1 bis 2 Minuten oder bis der Spinat welk ist.

4. Zum Servieren die Spinatmischung auf drei Servierteller verteilen; mit Garnelenmischung belegen. Mit Zitronenschnitzen servieren, die über die Garnelen und das Gemüse gepresst werden.

KRABBENSALAT MIT AVOCADO, GRAPEFRUIT UND JICAMA

ANFANG BIS ENDE: 30 Minuten ergibt: 4 Portionen

FLEISCH VON RIESEN- ODER RÜCKENKREBSEN IST AM BESTEN FÜR DIESEN SALAT. CHUNKY KRABBENFLEISCH WIRD AUS GROßEN STÜCKEN HERGESTELLT, DIE GUT IN SALATEN FUNKTIONIEREN. BACKFIN IST EINE KOMBINATION AUS GEBROCHENEN STÜCKEN VON JUMBO-KRABBENFLEISCH UND KLEINEREN STÜCKEN VON KRABBENFLEISCH AUS DEM KRABBENKÖRPER. OBWOHL SIE KLEINER ALS DIE RIESENKRABBE IST, FUNKTIONIERT DIE HINTERFLOSSE GUT. FRISCH IST NATÜRLICH AM BESTEN, ABER GEFRORENE AUFGETAUTE KRABBEN SIND EINE GUTE WAHL.

6 Tassen Babyspinat

½ mittelgroße Jicama, geschält und in Julienne geschnitten *

2 rosa oder rubinrote Grapefruits, geschält, entkernt und gespalten**

2 kleine Avocados, halbiert

1 Pfund Klumpen oder Krabbenfleisch

Basilikum-Grapefruit-Dressing (siehe Rezept rechts)

1. Den Spinat auf vier Servierteller verteilen. Mit Jicama, Grapefruitstücken und angesammeltem Saft, Avocado und Krabbenfleisch belegen. Mit Basilikum-Grapefruit-Dressing beträufeln.

Basilikum-Grapefruit-Dressing: Kombinieren Sie in einem Schraubglas ⅓ Tasse natives Olivenöl extra; ¼ Tasse frischer Grapefruitsaft; 2 Esslöffel frischer Orangensaft; ½ kleine Schalotte, gehackt; 2 Esslöffel fein gehackter frischer Basilikum; ¼ Teelöffel zerstoßener roter Pfeffer;

und ¼ Teelöffel schwarzer Pfeffer. Abdecken und gut mischen.

* Tipp: Mit einem Julienne-Schäler lässt sich Jicama schnell in dünne Streifen schneiden.

** Tipp: Um die Grapefruit zu teilen, schneiden Sie eine Portion vom Ende des Stiels und der Unterseite der Frucht ab. Stellen Sie es aufrecht auf eine Arbeitsfläche. Schneiden Sie die Frucht von oben nach unten entlang der runden Form der Frucht in Stücke, um die Haut in Streifen zu entfernen. Bewahren Sie die Frucht auf einer Schüssel auf und schneiden Sie mit einem Messer die Mitte der Frucht entlang der Seiten jedes Segments, um sie vom Mark zu befreien. Legen Sie die Keile in eine Schüssel mit angesammelten Säften. Entsorgen Sie das Knochenmark.

CAJUN GESCHMORTER HUMMERSCHWANZ MIT ESTRAGON-AIOLI

HAUSAUFGABEN:20 Minuten kochen: 30 Minuten ergeben: 4 PortionenFOTO

FÜR EIN ROMANTISCHES ABENDESSEN ZU ZWEIT,DIESES REZEPT LÄSST SICH LEICHT HALBIEREN. VERWENDEN SIE EINE SEHR SCHARFE KÜCHENSCHERE, UM DIE SCHALE VOM HUMMERSCHWANZ ZU SCHNEIDEN, UM EIN REICH GEWÜRZTES FLEISCH ZU ERHALTEN.

- 2 Rezepte für Cajun-Gewürze (vglRezept)
- 12 Knoblauchzehen, geschält und halbiert
- 2 Zitronen, halbiert
- 2 große Karotten, geschält
- 2 Selleriestangen, geschält
- 2 Fenchelknollen, in dünne Scheiben geschnitten
- 1 Pfund ganze Pilze
- 4 Hummerschwänze aus Maine, 7 bis 8 Unzen
- 4 8-Zoll-Bambusspieße
- ½ Tasse Paleo Aïoli (Knoblauch-Mayo) (vglRezept)
- ¼ Tasse Senf nach Dijon-Art (vglRezept)
- 2 Esslöffel frischer Estragon oder Petersilie, in Streifen geschnitten

1. Mischen Sie in einem 8-Liter-Topf 6 Tassen Wasser, Cajun-Gewürz, Knoblauch und Zitrone. Lassen Sie es kochen; 5 Minuten kochen. Reduziere die Hitze, um die Flüssigkeit am Köcheln zu halten.

2. Möhren und Sellerie in vier Stücke schneiden. Karotten, Sellerie und Fenchel in die Flüssigkeit geben. Abdecken und 10 Minuten garen. Pilze hinzufügen; abdecken und 5

Minuten garen. Übertragen Sie das Gemüse mit einem geschlitzten Löffel in eine Servierschüssel. warm halten

3. Beginnen Sie am Ende des Körpers jedes Hummerschwanzes und schieben Sie einen Spieß zwischen das Fleisch und die Schale und gehen Sie fast bis zum Ende. (Dies verhindert, dass sich der Schwanz beim Kochen kräuselt.) Reduzieren Sie die Hitze. Kochen Sie die Hummerschwänze in der siedenden Flüssigkeit in einem Topf für 8 bis 12 Minuten oder bis die Schalen leuchtend rot und das Fleisch zart ist, wenn Sie es mit einer Gabel einstechen. Den Hummer aus der Kochflüssigkeit nehmen. Verwenden Sie ein Geschirrtuch, um den Hummerschwanz zusammenzuhalten und entfernen und entsorgen Sie die Spieße.

4. Mischen Sie in einer kleinen Schüssel Paleo Alioli, Dijon-Senf und Estragon. Mit Hummer und Gemüse servieren.

GEBRATENE MUSCHELN MIT SAFRAN-AIOLI

BEGINN BIS ENDE: 1¼ STUNDEN AUSBEUTE: 4 PORTIONEN

DIES IST EINE PALEO-VERSION DES FRANZÖSISCHEN KLASSIKERSMUSCHELN GEDÄMPFT IN WEIßWEIN UND KRÄUTERN UND BEGLEITET VON DÜNNEN UND KNUSPRIGEN WEIßEN KARTOFFELCHIPS. ENTSORGEN SIE MUSCHELN, DIE SICH VOR DEM KOCHEN NICHT SCHLIEßEN, UND MUSCHELN, DIE SICH NACH DEM KOCHEN NICHT ÖFFNEN.

PASTINAKEN POMMES
1½ Pfund Pastinaken, geschält und in 3 × ¼-Zoll-Julienne geschnitten

3 Esslöffel Olivenöl

2 gehackte Knoblauchzehen

¼ Teelöffel schwarzer Pfeffer

⅛ Teelöffel Cayennepfeffer

SAFRAN-AIOLI
⅓ Tasse Paleo Alioli (Knoblauchmayonnaise) (vgl Rezept)

⅛ Teelöffel Safranfäden, leicht zerdrückt

DIE MUSCHELN
4 Esslöffel Olivenöl

½ Tasse fein gehackte Schalotten

6 Knoblauchzehen, gehackt

¼ Teelöffel schwarzer Pfeffer

3 Gläser trockener Weißwein

3 große Zweige glatte Petersilie

4 Pfund Muscheln, gesäubert und geschält*

¼ Tasse gehackte frische italienische Petersilie (flaches Blatt)

2 Esslöffel gehackter frischer Estragon (optional)

1. Für Pastinaken-Pommes heizen Sie den Backofen auf 450 ° F. Weichen Sie die geschnittenen Pastinaken in ausreichend kaltem Wasser ein, um sie 30 Minuten lang im Kühlschrank zu bedecken. abtropfen lassen und mit Küchenpapier trocken tupfen.

2. Ein großes Backblech mit Pergamentpapier auslegen. Die Pastinaken in eine extra große Schüssel geben. Kombinieren Sie in einer kleinen Schüssel 3 Esslöffel Olivenöl, 2 gehackte Knoblauchzehen, je ¼ Teelöffel schwarzen Pfeffer und Cayennepfeffer; mit Pastinaken bestreuen und schwenken. Die Pastinaken in einer gleichmäßigen Schicht auf dem vorbereiteten Backblech verteilen. Backen Sie für 30 bis 35 Minuten oder zart und beginnen gerade zu bräunen, gelegentlich umrühren.

3. Für die Aioli in einer kleinen Schüssel die Paleo-Aioli und den Safran mischen. Bis zum Servieren abdecken und kühl stellen.

4. In der Zwischenzeit in einem 6- bis 8-Liter-Topf oder Schmortopf 4 Esslöffel Olivenöl bei mittlerer Hitze erhitzen. Fügen Sie Schalotten, 6 Knoblauchzehen und ¼ Teelöffel schwarzen Pfeffer hinzu; Kochen Sie etwa 2 Minuten oder bis sie weich und welk sind, und rühren Sie oft um.

5. Den Wein und die Petersilienzweige in den Topf geben; lass es kochen. Miesmuscheln zugeben, mehrmals umrühren. Fest zudecken und 3 bis 5 Minuten dämpfen oder bis sich die Schalen gerade öffnen, dabei zweimal vorsichtig umrühren. Muscheln, die sich nicht öffnen, wegwerfen.

6. Mit einem großen Schaumlöffel die Muscheln auf flache Suppenteller geben. Entfernen und entsorgen Sie die Petersilienzweige aus der Kochflüssigkeit; Kochflüssigkeit über die Muscheln schöpfen. Mit gehackter Petersilie und nach Belieben Estragon bestreuen. Sofort mit Pastinakenchips und Safran-Aioli servieren.

* Tipp: Kochen Sie die Muscheln am selben Tag, an dem Sie sie kaufen. Wenn Sie wild geerntete Muscheln verwenden, weichen Sie sie 20 Minuten lang in einer Schüssel mit kaltem Wasser ein, um Sand und Splitt zu entfernen. (Dies ist bei Muscheln aus Zuchtbetrieben nicht erforderlich.) Schrubben Sie die Muscheln eine nach der anderen mit einer harten Bürste unter fließendem kaltem Wasser. Senfmuscheln etwa 10 bis 15 Minuten vor dem Garen. Der Bart ist die kleine Gruppe von Fasern, die aus der Schale hervorgehen. Um die Bärte zu entfernen, fassen Sie die Schnur zwischen Daumen und Zeigefinger und ziehen Sie sie zum Scharnier. (Diese Methode tötet die Muschel nicht.) Du kannst auch eine Zange oder eine Fischzange verwenden. Stellen Sie sicher, dass die Schale jeder Muschel fest verschlossen ist. Wenn es offene Schalen gibt, klopfen Sie sie vorsichtig auf die Theke. Entsorgen Sie Muscheln, die sich nicht innerhalb weniger Minuten schließen.

GEBRATENE JAKOBSMUSCHELN MIT ROTE-BETE-SAUCE

ANFANG BIS ENDE:30 Minuten ergibt: 4 Portionen<u>FOTO</u>

FÜR EINE SCHÖNE GOLDENE KRUSTE,STELLEN SIE SICHER, DASS DIE OBERFLÄCHE DER JAKOBSMUSCHELN WIRKLICH TROCKEN UND DIE PFANNE HEIß IST, BEVOR SIE SIE IN DIE PFANNE GEBEN. LASSEN SIE DIE JAKOBSMUSCHELN AUCH 2-3 MINUTEN LANG UNGESTÖRT UND ÜBERPRÜFEN SIE SIE SORGFÄLTIG, BEVOR SIE SIE WENDEN.

- 1 Pfund frische oder gefrorene Jakobsmuscheln, mit Küchenpapier trocken tupfen
- 3 mittelgroße Rote Beete, geschält und in Stücke geschnitten
- ½ Granny-Smith-Apfel, geschält und gewürfelt
- 2 Jalapeños, entkernt, entkernt und gehackt (vgl<u>Neigung</u>)
- ¼ Tasse gehackter frischer Koriander
- 2 Esslöffel fein gehackte rote Zwiebel
- 4 Esslöffel Olivenöl
- 2 Esslöffel frischer Limettensaft
- Weißer Pfeffer

1. Tauen Sie die Muscheln auf, falls sie gefroren sind.

2. Für das Rüben-Dressing in einer mittelgroßen Schüssel die Rüben, den Apfel, die Jalapeños, den Koriander, die Zwiebel, 2 Esslöffel Olivenöl und den Limettensaft mischen. Gut mischen. Beiseite stellen, während Sie die Jakobsmuscheln zubereiten.

3. Spülen Sie die Muscheln ab; mit Papiertüchern trocknen. In einer großen Pfanne die restlichen 2 Esslöffel Olivenöl bei mittlerer bis hoher Hitze erhitzen. Fügen Sie die Jakobsmuscheln hinzu; 4 bis 6 Minuten anbraten oder bis

sie außen goldbraun und leicht undurchsichtig sind. Die Jakobsmuscheln leicht mit weißem Pfeffer bestreuen.

4. Zum Servieren die Rote-Bete-Sauce gleichmäßig auf die Servierteller verteilen; mit Muscheln belegen. Sofort servieren.

GEGRILLTE JAKOBSMUSCHELN MIT GURKEN-DILL-SAUCE

HAUSAUFGABEN:35 Minuten kalt: 1 bis 24 Stunden grillen: 9 Minuten ergibt: 4 Portionen

HIER IST EIN TIPP, UM DIE PERFEKTE AVOCADO ZU BEKOMMEN:KAUFEN SIE SIE, WENN SIE HELLGRÜN UND HART SIND, UND LASSEN SIE SIE DANN EINIGE TAGE AUF DER THEKE REIFEN, BIS SIE AUF LEICHTEN DRUCK MIT DEM FINGER ETWAS NACHGEBEN. WENN SIE HART UND UNREIF SIND, WERDEN SIE BEIM TRANSPORT DURCH DEN MARKT NICHT BESCHÄDIGT.

12 bis 16 frische oder gefrorene Jakobsmuscheln (insgesamt 1¼ bis 1¾ Pfund)

¼ Tasse Olivenöl

4 Knoblauchzehen, gehackt

1 Teelöffel frisch gemahlener schwarzer Pfeffer

2 mittelgroße Zucchini, in Scheiben geschnitten und längs halbiert

½ mittelgroße Gurke, längs halbiert und quer in dünne Scheiben geschnitten

1 mittelgroße Avocado, halbiert, entkernt, geschält und gewürfelt

1 mittelgroße Tomate, entkernt, entkernt und gehackt

2 Teelöffel gehackte frische Minze

1 Teelöffel gehackter frischer Dill

1. Tauen Sie die Muscheln auf, falls sie gefroren sind. Die Jakobsmuscheln unter kaltem Wasser abspülen; mit Papiertüchern trocknen. Mischen Sie in einer großen Schüssel 3 Esslöffel Öl, den Knoblauch und ¾ Teelöffel Pfeffer. Fügen Sie die Jakobsmuscheln hinzu; sanft schwenken, um es zu beschichten. Abdecken und für mindestens 1 Stunde oder bis zu 24 Stunden kühl stellen und gelegentlich umrühren.

2. Die Zucchinihälften mit dem restlichen Esslöffel Öl bestreichen; gleichmäßig mit restlichen ¼ Teelöffel Pfeffer bestreuen.

3. Die Jakobsmuscheln abtropfen lassen und die Marinade wegwerfen. Fädeln Sie zwei 10- bis 12-Zoll-Spieße durch jede Jakobsmuschel, verwenden Sie 3 bis 4 Jakobsmuscheln pro Spießpaar und lassen Sie einen Abstand von ½ Zoll zwischen den Jakobsmuscheln. * (Schieben Sie die Jakobsmuscheln auf zwei Spieße, damit sie beim Schneiden und Wenden stabil bleiben.)

4. Bei einem Holzkohle- oder Gasgrill die Jakobsmuschelspieße und Zucchinihälften bei mittlerer Hitze direkt auf den Grill legen. ** Abdecken und garen, bis die Jakobsmuscheln undurchsichtig und die Zucchini zart sind, dabei nach der Hälfte des Grills wenden. Warten Sie 6 bis 8 Minuten für die Jakobsmuscheln und 9 bis 11 Minuten für die Zucchini.

5. In der Zwischenzeit für die Sauce in einer mittelgroßen Schüssel Gurke, Avocado, Tomaten, Minze und Dill vermengen. Zum Kombinieren vorsichtig mischen. Je 1 Jakobsmuschelspieß auf vier Servierplatten anrichten. Diagonale Zucchinihälften quer halbieren und mit den Jakobsmuscheln zu den Gerichten geben. Gießen Sie die Gurkenmischung gleichmäßig über die Jakobsmuscheln.

* Tipp: Wenn Sie Holzspieße verwenden, weichen Sie diese vor der Verwendung 30 Minuten lang in ausreichend Wasser ein, um sie zu bedecken.

** Zum Grillen: Wie in Schritt 3 beschrieben zubereiten. Jakobsmuschelspieße und Zucchinihälften auf einen unbeheizten Grillrost legen. Grillen Sie 4 bis 5 Zoll von der Hitze, bis die Jakobsmuscheln undurchsichtig und die Zucchini zart sind, und drehen Sie sie nach der Hälfte des Garvorgangs einmal um. Warten Sie 6-8 Minuten für die Jakobsmuscheln und 10-12 Minuten für die Zucchini.

GEGRILLTE JAKOBSMUSCHELN MIT TOMATEN, OLIVENÖL UND GEMÜSESAUCE

HAUSAUFGABEN:20 Minuten Kochzeit: 4 Minuten Ausbeute: 4 Portionen

DIE SAUCE IST FAST WIE EINE WARME VINAIGRETTE.OLIVENÖL, FRISCHE TOMATENWÜRFEL, ZITRONENSAFT UND KRÄUTER WERDEN KOMBINIERT UND SEHR LANGSAM ERHITZT, GERADE GENUG, UM DIE AROMEN ZU KOMBINIEREN, UND DANN MIT GEBRATENEN JAKOBSMUSCHELN UND EINEM KNACKIGEN SALAT AUS SONNENBLUMENSPROSSEN SERVIERT.

JAKOBSMUSCHELN UND SOßE
- 1 bis 1½ Pfund große Jakobsmuscheln, frisch oder gefroren (ca. 12)
- 2 große Roma-Tomaten, geschält, *entkernt und gehackt
- ½ Tasse Olivenöl
- 2 Esslöffel frischer Zitronensaft
- 2 Esslöffel gehackter frischer Basilikum
- 1 bis 2 Teelöffel fein gehackter Schnittlauch
- 1 Esslöffel Olivenöl

EIN SALAT
- 4 Tassen Sonnenblumensprossen
- 1 Zitrone in Spalten geschnitten
- Natives Olivenöl extra

1. Tauen Sie die Muscheln auf, falls sie gefroren sind. Die Jakobsmuscheln abspülen; Ich weiss Beiseite legen.

2. Für die Sauce Tomaten, ½ Tasse Olivenöl, Zitronensaft, Basilikum und Schnittlauch in einem kleinen Topf vermischen; beiseite legen.

3. In einer großen Pfanne 1 Esslöffel Olivenöl bei mittlerer bis hoher Hitze erhitzen. Fügen Sie die Jakobsmuscheln hinzu; 4 bis 5 Minuten kochen oder bis sie golden und undurchsichtig sind, nach der Hälfte des Garvorgangs einmal wenden.

4. Für den Salat die Sprossen in eine Servierschüssel geben. Die Zitronenspalten über die Sprossen drücken und mit etwas Olivenöl beträufeln. Zum Vergleich mischen.

5. Erhitzen Sie die Sauce bei schwacher Hitze, bis sie warm ist; nicht kochen Zum Servieren etwas Sauce in die Mitte des Tellers geben; Top mit 3 der Jakobsmuscheln. Mit Sprossensalat servieren.

* Tipp: Um eine Tomate leicht zu schälen, legen Sie sie 30 Sekunden bis eine Minute lang in einen Topf mit kochendem Wasser oder bis sich die Haut auflöst. Nimm die Tomaten aus dem kochenden Wasser und lege sie sofort in eine Schüssel mit Eiswasser, um den Kochvorgang zu stoppen. Wenn die Tomaten kühl genug sind, entfernen Sie die Haut.

KREUZKÜMMEL GERÖSTETER BLUMENKOHL MIT FENCHEL UND PERLZWIEBELN

HAUSAUFGABEN:15 Minuten kochen: 25 Minuten ergeben: 4 PortionenFOTO

ES GIBT ETWAS BESONDERS VERLOCKENDESÜBER DIE KOMBINATION VON GERÖSTETEM BLUMENKOHL UND DEM WOHLIG-ERDIGEN GESCHMACK VON KREUZKÜMMEL. DIESES GERICHT HAT DIE ZUSÄTZLICHE SÜßE DER GETROCKNETEN STACHELBEEREN. WENN SIE MÖCHTEN, KÖNNEN SIE IN SCHRITT 2 MIT ¼ BIS ½ TEELÖFFEL ZERDRÜCKTER ROTER PAPRIKA ZUSAMMEN MIT DEM KREUZKÜMMEL UND DEN JOHANNISBEEREN ETWAS HITZE HINZUFÜGEN.

- 3 Esslöffel unraffiniertes Kokosöl
- 1 mittelgroßer Blumenkohl, in Röschen geschnitten (4 bis 5 Tassen)
- 2 Fenchelköpfe, grob gehackt
- 1½ Tassen gefrorene Perlzwiebeln, aufgetaut und abgetropft
- ¼ Tasse getrocknete Stachelbeeren
- 2 Teelöffel gemahlener Kreuzkümmel
- gehackter frischer Dill (optional)

1. In einer extragroßen Pfanne das Kokosöl bei mittlerer Hitze erhitzen. Blumenkohl, Fenchel und Perlzwiebeln dazugeben. Abdecken und 15 Minuten garen, gelegentlich umrühren.

2. Reduzieren Sie die Hitze auf mittel-niedrig. Die Johannisbeeren und den Kreuzkümmel in die Pfanne geben; kochen, unbedeckt, etwa 10 Minuten oder bis Blumenkohl und Fenchel zart und golden sind. Nach Belieben mit Dill garnieren.

CHUNKY TOMATEN-AUBERGINEN-SAUCE MIT SPAGHETTIKÜRBIS

HAUSAUFGABEN:30 Minuten kochen: 50 Minuten abkühlen: 10 Minuten kochen: 10 Minuten ergibt: 4 Portionen

DIESE WÜRZIGE BEILAGE LÄSST SICH LEICHT UMDREHEN.IN EINEM HAUPTGANG. FÜGEN SIE DER AUBERGINEN-TOMATEN-MISCHUNG ETWA EIN PFUND RINDERHACKFLEISCH ODER GEKOCHTEN BISON HINZU, NACHDEM SIE ES MIT EINEM KARTOFFELSTAMPFER LEICHT ZERDRÜCKT HABEN.

- 1 Spaghettikürbis, 2 bis 2½ Pfund
- 2 Esslöffel Olivenöl
- 1 Tasse Auberginen, geschält und gehackt
- ¾ Tasse gehackte Zwiebel
- 1 kleine rote Paprika, gehackt (½ Tasse)
- 4 Knoblauchzehen, gehackt
- 4 mittelreife rote Tomaten, nach Belieben geschält und grob gehackt (ca. 2 Tassen)
- ½ Tasse gehackter frischer Basilikum

1. Ofen auf 375° F vorheizen. Ein kleines Backblech mit Pergamentpapier auslegen. Den Spaghettikürbis entlang der Linie halbieren. Verwenden Sie einen großen Löffel, um die Samen und die Fäden herauszukratzen. Kürbishälften mit der Schnittfläche nach unten auf das vorbereitete Backblech legen. Ohne Deckel 50 bis 60 Minuten backen oder bis der Kürbis weich ist. Auf einem Gitter etwa 10 Minuten abkühlen lassen.

2. In der Zwischenzeit das Olivenöl in einer großen Pfanne bei mittlerer Hitze erhitzen. Fügen Sie die Zwiebel, Auberginen und Paprika hinzu; 5 bis 7 Minuten kochen

oder bis das Gemüse weich ist, gelegentlich umrühren. Fügen Sie den Knoblauch hinzu; kochen und weitere 30 Sekunden rühren. Fügen Sie die Tomaten hinzu; 3 bis 5 Minuten kochen oder bis die Tomaten weich werden, dabei gelegentlich umrühren. Mit einem Kartoffelstampfer die Mischung leicht zerdrücken. Die Hälfte des Basilikums hinzufügen. Abdecken und 2 Minuten garen.

3. Verwenden Sie einen Halter oder ein Handtuch, um die Kürbishälften zu halten. Kratzen Sie das Kürbisfleisch mit einer Gabel in eine mittelgroße Schüssel. Den Kürbis auf vier Servierteller verteilen. Gleichmäßig mit der Soße übergießen. Mit restlichem Basilikum bestreuen.

GEFÜLLTE PORTOBELLO PILZE

HAUSAUFGABEN:35 Minuten backen: 20 Minuten kochen: 7 Minuten ergeben: 4 Portionen

FÜR DIE FRISCHESTEN PORTOBELLOS,SUCHEN SIE NACH PILZEN, DEREN STÄNGEL NOCH INTAKT SIND. DIE KIEMEN SOLLTEN FEUCHT, ABER NICHT NASS ODER SCHWARZ AUSSEHEN UND GUTE LÜCKEN ZWISCHEN SICH HABEN. UM JEDE ART VON PILZEN ZUM KOCHEN VORZUBEREITEN, WISCHEN SIE SIE MIT EINEM LEICHT FEUCHTEN PAPIERTUCH SAUBER. PILZE NIEMALS UNTER WASSER HALTEN ODER IN WASSER TAUCHEN; SIE SIND SEHR SAUGFÄHIG UND WERDEN MIT WASSER WEICH UND NASS.

- 4 große Portobello-Pilze (insgesamt etwa ein Pfund)
- ¼ Tasse Olivenöl
- 1 Esslöffel Räuchergewürz (vglRezept)
- 2 Esslöffel Olivenöl
- ½ Tasse gehackte Schalotten
- 1 Esslöffel gehackter Knoblauch
- 1 Pfund Mangold, entstielt und gehackt (ca. 10 Tassen)
- 2 Teelöffel mediterrane Gewürze (vglRezept)
- ½ Tasse gehackter Rettich

1. Heizen Sie den Ofen auf 400 ° F. Entfernen Sie die Stiele von den Pilzen und reservieren Sie sie für Schritt 2.
Verwenden Sie das Ende eines Löffels, um die Kiemen von den Kappen zu kratzen; entsorgen Sie die Kiemen. Platzieren Sie die Pilzkappen in einer rechteckigen 3-Liter-Auflaufform; Bürsten Sie beide Seiten der Pilze mit ¼ Tasse Olivenöl. Drehen Sie die Pilzköpfe so, dass die Stielseiten nach oben zeigen und bestreuen Sie sie mit den

Rauchgewürzen. Decken Sie die Auflaufform mit Alufolie ab. Zugedeckt etwa 20 Minuten backen oder bis sie weich sind.

2. In der Zwischenzeit die reservierten Pilzstiele schneiden; beiseite legen. Für Mangold die dicken Rippen von den Blättern entfernen und wegwerfen. Mangoldblätter in große Stücke schneiden.

3. In einer extragroßen Pfanne 2 Esslöffel Olivenöl bei mittlerer Hitze erhitzen. Fügen Sie die Schalotten und den Knoblauch hinzu; 30 Sekunden kochen und umrühren. Die gehackten Pilzstiele, den gehackten Mangold und die mediterranen Gewürze hinzufügen. Ohne Deckel 6 bis 8 Minuten kochen oder bis der Mangold weich ist, dabei gelegentlich umrühren.

4. Die Mangoldmischung auf die Pilzköpfe verteilen. Die restliche Flüssigkeit in der Auflaufform über die gefüllten Champignons träufeln. Mit gehacktem Rettich toppen.

GERÖSTETER RADICCHIO

HAUSAUFGABEN: 20 Minuten kochen: 15 Minuten ergeben: 4 Portionen

RADICCHIO WIRD OFT GEGESSEN ALS TEIL EINES SALATS, UM DEM GEMISCHTEN GEMÜSE EINE SCHÖNE BITTERKEIT ZU VERLEIHEN, ABER ES KANN AUCH PUR GERÖSTET ODER GEGRILLT WERDEN. RADICCHIO HAT EINE LEICHTE BITTERKEIT, DIE ABER NICHT ÜBERWÄLTIGEND SEIN SOLL. SUCHEN SIE NACH KLEINEREN KNOSPEN, DEREN BLÄTTER FRISCH UND KNACKIG AUSSEHEN, NICHT VERWELKT. DAS ABGESCHNITTENE ENDE KANN EIN WENIG BRAUN SEIN, SOLLTE ABER GRÖßTENTEILS WEIß SEIN. IN DIESEM REZEPT VERLEIHT EIN SPRITZER BALSAMICO-ESSIG VOR DEM SERVIEREN EINEN HAUCH VON SÜßE.

2 große Löwenzahnköpfe

¼ Tasse Olivenöl

1 Teelöffel Mittelmeergewürz (vgl Rezept)

¼ Tasse Balsamico-Essig

1. Heizen Sie den Ofen auf 200 °F vor. Schneiden Sie den Radicchio in Viertel und lassen Sie einen Teil des Kerns dran (Sie sollten 8 Keile haben). Die Schnittflächen der Radicchioscheiben mit Olivenöl bepinseln. Legen Sie die Keile mit den Schnittflächen nach unten auf ein Backblech; mit mediterranen Gewürzen bestreuen.

2. Ca. 15 Minuten rösten oder bis der Radicchio zusammengefallen ist, dabei einmal nach der Hälfte des Bratens wenden. Den Radicchio auf einer Servierplatte anrichten. Mit Balsamico-Essig beträufeln; sofort servieren.

GEBRATENER FENCHEL MIT ORANGEN-VINAIGRETTE

HAUSAUFGABEN:25 Minuten Braten: 25 Minuten Ausbeute: 4 Portionen

BEWAHREN SIE DIE VERBLEIBENDE VINAIGRETTE AUF, UM SIE ZU ENTSORGENMIT EINEM GRÜNEN SALAT ODER MIT GEGRILLTEM SCHWEINEFLEISCH, GEFLÜGEL ODER FISCH SERVIEREN. BEWAHREN SIE ÜBRIG GEBLIEBENE VINAIGRETTE BIS ZU 3 TAGE IN EINEM DICHT VERSCHLOSSENEN BEHÄLTER IM KÜHLSCHRANK AUF.

- 6 Esslöffel natives Olivenöl extra, plus mehr zum Bürsten
- 1 große Fenchelknolle, geputzt, entkernt und in Spalten geschnitten (Blätter zum Garnieren zurückbehalten, falls gewünscht)
- 1 rote Zwiebel, in Spalten geschnitten
- ½ Orange, in dünne Scheiben geschnitten
- ½ Tasse Orangensaft
- 2 Esslöffel Weißweinessig oder Champagneressig
- 2 Esslöffel Apfel
- 1 Teelöffel gemahlene Fenchelsamen
- 1 Teelöffel fein abgeriebene Orangenschale
- ½ Teelöffel Senf nach Dijon-Art (vglRezept)
- Schwarzer Pfeffer

1. Den Ofen auf 425 ° F vorheizen.Ein großes Backblech leicht mit Olivenöl bepinseln. Fenchel-, Zwiebel- und Orangenscheiben auf dem Backblech anrichten; mit 2 EL Olivenöl beträufeln. Wenden Sie das Gemüse vorsichtig, um es mit dem Öl zu überziehen.

2. Grillen Sie das Gemüse 25 bis 30 Minuten lang oder bis das Gemüse zart und leicht gebräunt ist, und wenden Sie es nach der Hälfte des Grillvorgangs einmal.

3. In der Zwischenzeit für die Orangen-Vinaigrette in einem Mixer Orangensaft, Essig, Apfelwein, Fenchelsamen, Orangenschale, Dijon-Senf und Pfeffer nach Geschmack mischen. Bei laufendem Mixer langsam die restlichen 4 Esslöffel Olivenöl in einem dünnen Strahl hinzugeben. Weiter rühren, bis die Vinaigrette andickt.

4. Übertragen Sie das Gemüse auf einen Servierteller. Das Gemüse mit etwas Vinaigrette beträufeln. Nach Belieben mit den beiseitegelegten Fenchelzweigen garnieren.

WIRSING NACH PUNJABI-ART

HAUSAUFGABEN: 20 Minuten kochen: 25 Minuten ergeben: 4 Portionen FOTO

ES IST ERSTAUNLICH, WAS PASSIERT FÜR EINEN UNPRÄTENTIÖSEN KOHL, DER MILD IM GESCHMACK IST, WENN ER MIT INGWER, KNOBLAUCH, CHILI UND INDISCHEN GEWÜRZEN GEKOCHT WIRD. GERÖSTETE SENF-, KORIANDER- UND KREUZKÜMMELSAMEN VERLEIHEN DIESEM GERICHT GESCHMACK UND KNUSPRIGKEIT. ACHTUNG: ES IST HEIß! DIE VOGELSCHNABEL-CHILIS SIND KLEIN, ABER SEHR STARK, UND DAS GERICHT ENTHÄLT AUCH JALAPENO. WER ES WENIGER SCHARF MAG, NIMMT EINFACH JALAPENO.

- 1 2-Zoll-Knopf frischer Ingwer, geschält und in ⅓-Zoll-Scheiben geschnitten
- 5 Knoblauchzehen
- 1 große Jalapeno, gestielt, entkernt und halbiert (vgl Neigung)
- 2 Teelöffel Garam Masala ohne Salzzusatz
- 1 Teelöffel gemahlene Kurkuma
- ½ Tasse Hühnerknochenbrühe (vgl Rezept) oder ungesalzene Hühnerbrühe
- 3 Esslöffel raffiniertes Kokosöl
- 1 Esslöffel schwarze Senfkörner
- 1 Teelöffel Koriandersamen
- 1 Teelöffel Kreuzkümmel
- 1 Chili mit vollem Vogelschnabel (chile de arbol) (vgl Neigung)
- 1 3-Zoll-Zimtstange
- 2 Tassen dünn geschnittene gelbe Zwiebeln (ca. 2 mittelgroße)
- 12 Tassen Kohl, entkernt, in dünne Scheiben geschnitten (ca. 1½ Pfund)
- ½ Tasse gehackter frischer Koriander (optional)

1. Mischen Sie in einer Küchenmaschine oder einem Mixer Ingwer, Knoblauch, Jalapeño, Garam Masala, Kurkuma und ¼ Tasse der Hühnerknochenbrühe. Abdecken und verarbeiten oder mischen, bis es glatt ist; beiseite legen.

2. Kombinieren Sie in einer extra großen Pfanne Kokosöl, Senfsamen, Koriandersamen, Kreuzkümmelsamen, Chilipfeffer und Zimt. Bei mittlerer Hitze unter häufigem Rühren der Pfanne 2 bis 3 Minuten kochen oder bis die Zimtstange gerade platzt (Vorsicht, die Senfkörner platzen und platzen beim Kochen). Zwiebeln hinzufügen; kochen und 5 bis 6 Minuten lang umrühren oder bis die Zwiebeln leicht gebräunt sind. Fügen Sie die Ingwermischung hinzu. Kochen, 6 bis 8 Minuten oder bis die Mischung gut karamellisiert ist, dabei oft umrühren.

3. Den Kohl und den Rest der Hühnerknochenbrühe hinzugeben; gut umrühren. Abdecken und ca. 15 Minuten garen oder bis der Kohl weich ist, dabei zweimal umrühren. Decke die Pfanne auf. 6 bis 7 Minuten kochen und umrühren oder bis der Kohl leicht gebräunt ist und die überschüssige Hühnerknochenbrühe verdunstet ist.

4. Zimt und Chili entfernen und entsorgen. Nach Belieben mit Koriander bestreuen.

ZIMT GERÖSTETER BUTTERNUT-KÜRBIS

HAUSAUFGABEN: 20 Minuten Braten: 30 Minuten Ergiebigkeit: 4 bis 6 Portionen

EINE PRISE CAYENNEPFEFFERGEBEN SIE DIESEN SÜßEN WÜRFELN AUS GERÖSTETEM KÜRBIS NUR EINEN HAUCH VON HITZE. ES IST EINFACH ZU ÜBERSPRINGEN, WENN SIE ES VORZIEHEN. SERVIEREN SIE DIESE EINFACHE BEILAGE ZU SCHWEINEBRATEN ODER SCHWEINEKOTELETTS.

- 1 Butternusskürbis (ca. 2 Pfund), geschält, entkernt und in ¾-Zoll-Würfel geschnitten
- 2 Esslöffel Olivenöl
- ½ Teelöffel gemahlenes Braun
- ¼ Teelöffel schwarzer Pfeffer
- ⅛ Teelöffel Cayennepfeffer

1. Heizen Sie den Ofen auf 400 °F vor. Vermischen Sie den Kürbis in einer großen Schüssel mit Olivenöl, Zimt, schwarzem Pfeffer und Cayennepfeffer. Ein großes Backblech mit Pergamentpapier auslegen. Den Kürbis in einer Schicht auf dem Backblech verteilen.

2. 30 bis 35 Minuten grillen oder bis der Kürbis fest und an den Rändern goldbraun ist, dabei ein- oder zweimal umrühren.

GEGRILLTER SPARGEL MIT POCHIERTEN EIERN UND WALNÜSSEN

ANFANG BIS ENDE: 15 Minuten ergibt: 4 Portionen

DIES IST EINE VERSION EINES KLASSIKERSEIN FRANZÖSISCHES GEMÜSEGERICHT NAMENS SPARGEL-MIMOSE, SO GENANNT, WEIL DAS GRÜN, WEIß UND GELB DES FERTIGEN GERICHTS EINER GLEICHNAMIGEN BLUME ÄHNELT.

1 Pfund frischer Spargel, gehackt

5 Esslöffel geröstete Knoblauch-Vinaigrette (vgl Rezept)

1 hart gekochtes Ei, geschält

3 Esslöffel gehackte Walnüsse, geröstet (vgl Neigung)

frisch gemahlener schwarzer Pfeffer

1. Stellen Sie einen Ofenrost 4 Zoll vom Heizelement entfernt auf; Grill auf hoher Stufe vorheizen.

2. Den Spargel auf einem Backblech verteilen. Mit 2 EL gerösteter Knoblauch-Vinaigrette beträufeln. Rollen Sie den Spargel mit den Händen, um ihn mit der Vinaigrette zu bestreichen. 3 bis 5 Minuten grillen oder bis er weich und zart ist, dabei den Spargel jede Minute wenden. Auf einen Servierteller geben.

3. Das Ei halbieren; Das Ei durch ein Sieb über dem Spargel auspressen. (Sie können das Ei auch mit den großen Löchern einer Kistenreibe reiben.) Den Spargel und die Eier mit den restlichen 3 Esslöffeln gerösteter Knoblauch-Vinaigrette beträufeln. Mit Walnüssen toppen und mit Pfeffer bestreuen.

KNUSPRIGER KRAUTSALAT MIT RETTICH, MANGO UND MINZE

ANFANG BIS ENDE: 20 Minuten ergibt: 6 Portionen FOTO

3 Esslöffel frischer Zitronensaft
¼ Teelöffel Cayennepfeffer
¼ Teelöffel gemahlener Kreuzkümmel
¼ Tasse Olivenöl
4 Tassen zerkleinerter Kohl
1½ Tassen sehr dünn geschnittene Radieschen
1 Tasse gehackte reife Mango
½ Tasse schräg geschnittener Schnittlauch
⅓ Tasse gehackte frische Minze

1. Für die Garnitur Zitronensaft, Cayennepfeffer und gemahlenen Kreuzkümmel in einer großen Schüssel vermischen. Das Olivenöl in einem dünnen Strahl hinzufügen.

2. Kohl, Rettich, Mango, Frühlingszwiebeln und Minze zum Dressing in eine Schüssel geben. Zum Kombinieren gut mischen.

ZITRONENSÜßER GERÖSTETER KOHL

HAUSAUFGABEN:10 Minuten Braten: 30 Minuten Ergiebigkeit: 4 bis 6 Portionen

3 Esslöffel Olivenöl
1 mittelgroßer Kohl, in 1 cm dicke Scheiben geschnitten
2 Teelöffel Senf nach Dijon-Art (vglRezept)
1 Teelöffel fein abgeriebene Zitronenschale
¼ Teelöffel schwarzer Pfeffer
1 Teelöffel Kümmel
Zitronenscheiben

1. Heizen Sie den Ofen auf 400 °F vor. Bürsten Sie ein großes umrandetes Backblech mit 1 Esslöffel Olivenöl. Kohlrunden auf einem Backblech anrichten; beiseite legen.

2. Mischen Sie in einer kleinen Schüssel die restlichen 2 Esslöffel Olivenöl, Dijon-Senf und Zitronenschale. Die Kohlscheiben auf ein Backblech streichen und darauf achten, dass Senf und Zitronenschale gleichmäßig verteilt sind. Pfeffer und Kümmel bestreuen.

3. 30 bis 35 Minuten grillen oder bis der Kohl weich und die Ränder goldbraun sind. Mit Zitronenschnitzen servieren, die über den Kohl gepresst werden.

GEBRATENER KOHL MIT ORANGEN- UND BALSAMICO-NIESELREGEN

HAUSAUFGABEN: 15 Minuten Braten: 30 Minuten Ergiebigkeit: 4 Portionen

3 Esslöffel Olivenöl
1 kleiner Kohlkopf, entkernt und in 8 Spalten geschnitten
½ Teelöffel schwarzer Pfeffer
⅓ Tasse Balsamico-Essig
2 Teelöffel fein geriebene Orangenschale

1. Backofen auf 450 ° F vorheizen. Ein großes umrandetes Backblech mit 1 Esslöffel Olivenöl bepinseln. Die Kohlscheiben auf dem Backblech anrichten. Den Kohl mit den restlichen 2 EL Olivenöl bestreichen und mit Pfeffer bestreuen.

2. Den Kohl 15 Minuten grillen. Drehen Sie die Kohlscheiben um; Etwa 15 weitere Minuten grillen oder bis der Kohl weich und die Ränder goldbraun sind.

3. Kombinieren Sie in einem kleinen Topf den Balsamico-Essig und die Orangenschale. Bei mittlerer Hitze zum Kochen bringen; reduzieren Köcheln lassen, unbedeckt, etwa 4 Minuten oder bis zur Hälfte reduziert. Über geröstete Kohlscheiben träufeln; sofort servieren.

www.ingramcontent.com/pod-product-compliance
Lightning Source LLC
Chambersburg PA
CBHW071141080526
44587CB00013B/1710